アジアの心霊スポット100選

濱 幸成

ここから先は
自己責任――

東京キララ社

韓国
메타상사
2267-7226
삼원 이엔지
홍전사
엔지

香港

マカオ
フィリピン

VILLA EPIFANIA
BOUGANVILLA
ATTY. BONG
SUNTAY
In coordination with

マレーシア

シンガポール

インドネシア

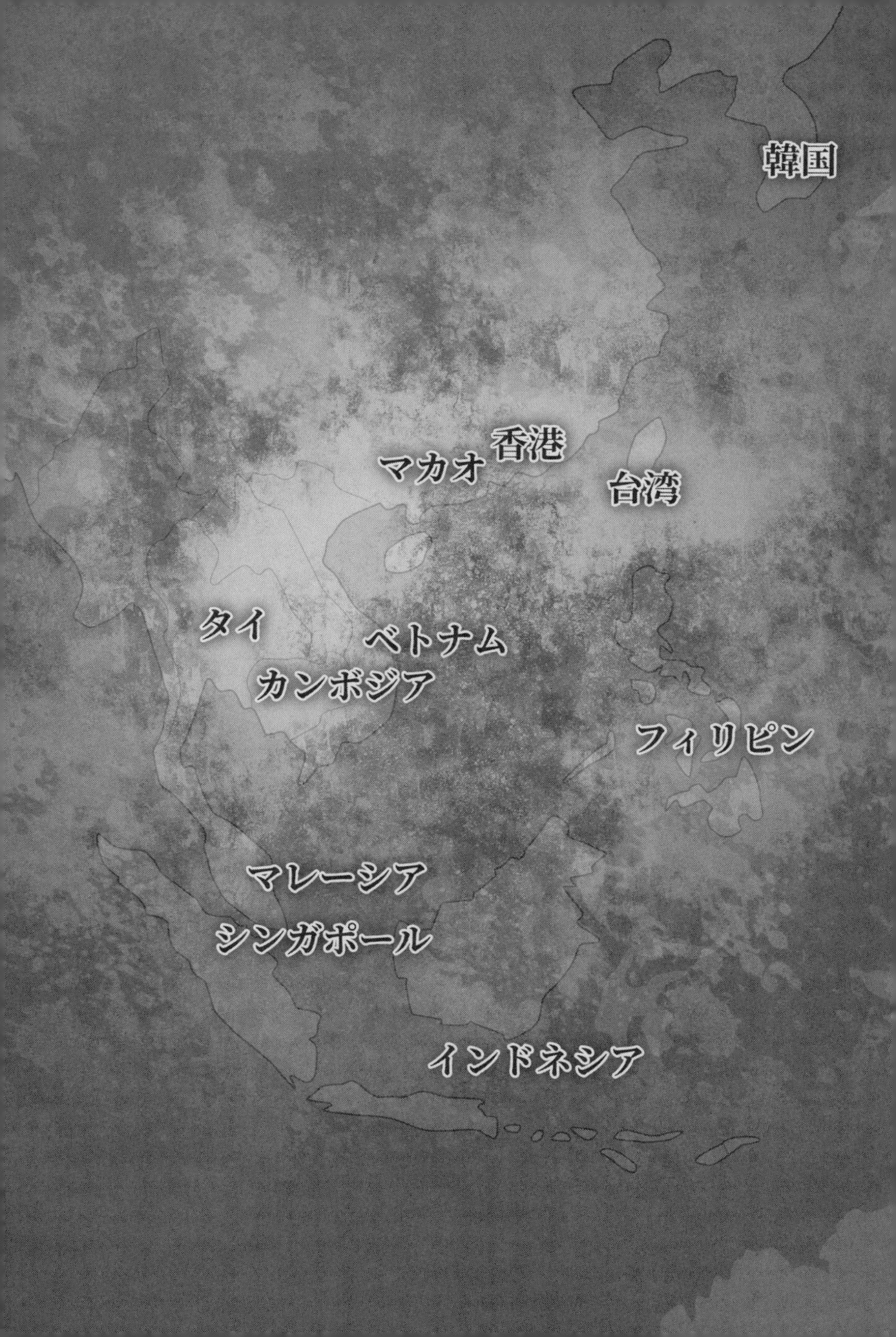

韓国

香港

マカオ

台湾

タイ

ベトナム

カンボジア

フィリピン

マレーシア

シンガポール

インドネシア

台南杏林醫院
Tainan Xinglin Hospital／タイナン

1975年に開設されたこの病院は、元々3名の弁護士が共同で所有していた。

しかし、虚偽の入院証明書を発行し保険料を請求したり、医療記録を改ざんしたりなどの不正が明るみに出たため、1993年に閉鎖。以後、長らく放置されてきた。

所有者たちは、施設をまるごと売却する計画を立て医療器具をそのまま残していたが、いつまで経っても買い手は付かず、それら残留物のせいで余計に好事家たちの興味をそそることになってしまった。

いつしかこの廃病院は心霊スポットと噂され、夜になると若者たちがこぞって肝試しに訪れるようになった。「肝試しの後に家に帰ると、廃病院から電話がかかってきた」「院内を探索中にドアの閉まる大きな音が聞こえたが、そのようなドアはなかった」など、日本の廃病院でも囁かれるような心霊話が様々な形で広まっていった。

筆者がこの場所を訪れたのは2016年の8月15

安全第一
施工危險 請勿靠近 施工危險 請勿靠近 施工危險 請
敬請合作
施工危險 請勿靠近 施工危險 請勿靠近 施工危險
施工危險 請勿靠近 施工危險 請勿靠近 施工危

日で、台湾のお盆〝鬼月〟の最中だった。昼間の訪問にもかかわらず、建物前では地元テレビ局が撮影をしていて、筆者もインタビューを受けることになったのだが、当時はまったく英語がわからず何も答えることができなかったのが心残りだ。

最上階に上がって一番端の部屋を探索していると、どこからかお香のようなとても良い香りが漂ってきた。しばし、その心地よい香りを楽しんでいたのだが、ふと、この香りの正体が気になってきた。しばらくあたりを探してみたのだが、2分ほどで感じなくなり、結局香りの元を見つけだすことは叶わなかった。

2020年には、台湾のネットユーザーがインターネット上に「私は殺人を犯し、遺体を杏林醫院の遺体安置所に放置した」と書き込んだことが話題になった。しかし、警察の発表によれば書き込みは愉快犯によるデマで、投稿者を探し出して罰則を課す方針だと明らかにした。

現在、建物の入り口はバリケードで完全に封鎖され、中に入ることはできないようになっている。

辛亥隧道
Xinhai Tunnel／タイペイ

台湾のネット投票で〝一番怖い心霊スポット〟に選ばれた場所、それがこの辛亥隧道だ。

トンネルの上は墓地になっていて、入り口横には火葬場がある。このトンネル内での幽霊の目撃談は後を絶たず、驚いた運転手による事故も多発しているという。

20年ほど前、肝試しに訪れたファンさんという女性が体験した話だ。

ファンさんは女友達と2人で深夜の辛亥隧道を訪れた。バイクを道の端に停めてトンネル内の歩道を歩いてみると、確かに噂通りガードレールにいくつもの追突痕があった。これが本当に幽霊を見たことによる事故だとしたら……。2人は気味が悪くなり、バイクまで早足で戻った。

しかし、バイクに跨ろうとしたときに、ファンさんは自分の顔の違和感に気づいた。そっと顔に触れてみると、虫に刺された覚えなどないのだが、両頰

は熱をおびて腫れ上がっていて、すぐにでも病院で診てもらわなければいけないような状況だった。しかし深夜ということもあり、ファンさんはひとまず近くに住む従姉妹の家に泊めてもらうことにし、友人と別れた。

頬の腫れと熱は増し、ファンさんの不安は募るばかりだった。ようやく到着し泣きながらドアを叩いていると、眠そうな顔をした従姉妹のユーチェンさんが出てきた。ファンさんは涙ながらに先ほどの出来事を説明すると、ユーチェンさんは温かいお茶で慰めてくれ、明日の朝一で病院に付き添ってくれることになった。

翌朝になり病院で診断してもらったものの、「突然こんな症状が出るなんてよくわからない」と年配の医者はさじを投げてしまった。そこで「辛亥隧道に行ってからこうなった」と話すと、「それならばお寺に行ったほうがいいのではないか」と勧められ、その足で近くの寺に駆け込んだ。

迎え入れてくれた僧侶に事情を説明すると、すぐに本殿へ案内されお祓いが始まった。すると、頬の腫れはみるみる引いていき、儀式が終わる頃にはすっかり治ってしまったのだという。

安平樹屋
Anping Tree House／タイナン

安平樹屋は19世紀後半にイギリス商トッキが建てた倉庫で、アヘンや樟脳などの取引に使われていた。日本の台湾統治時代には日本人が倉庫と隣の事務所を使用していたが、大戦後に放棄されてからは長い年月をかけてガジュマルに侵食され廃墟化、人々は〝鬼屋（幽霊屋敷）〟だと噂するようになった。

台湾人にとってガジュマルの木は〝陰〟であり、恐れて人々が寄りつかなくなっていくのと同時に、この場所での様々な怪奇現象が噂されるようになっていった。

しかし、2004年に行政がリノベーションを行い、観光施設としてオープン。施設内にはガイドセンターが設けられ、安平樹屋の歴史やガジュマルの木の説明がされていた。ガジュマルは壁に沿って成長し、天然の芸術作品のような美しさを放っている。かつての不気味さが影を潜めてしまったこの鬼屋に、現在は日々多くの観光客が癒しを求めて訪れている。

嘉義民雄鬼屋

Chiayi Minxiong Haunted House ／カギ

辛亥隧道と並んで〝台湾最恐〟との呼び声が高い嘉義民雄鬼屋。1929年、富豪劉氏によって建てられたが、現在はガジュマルに飲み込まれつつある。

この場所には有名な幽霊譚が残されている。劉一族がまだこの屋敷に住んでいたときのことだ。召使いの女性が主人と恋仲になり、それが原因で夫人からいじめを受けて井戸に身を投げて自殺した。それからというもの、井戸からすすり泣く女性の声が聞こえたり、屋敷内で死んだ召使いの幽霊が目撃されるようになったという。

劉家がこの屋敷を離れ、第二次世界大戦時に旧日本軍がこの場所を占領した際にも、「女の霊を見た日本兵が驚いて銃を乱射した」「日本兵の自殺が相次いだ」「錯乱した日本兵が仲間同士で銃を撃ち、殺し合った」など様々な噂が流れた。

どの説も、とにかく日本兵が建物内で銃を撃ったというところは共通しており、現在も建物内には確かに銃痕が遺されている。

労動女性紀念公園
The Memorial Park for Women Laborers
／カオシュン

60年ほど前のことだ。高雄の輸出加工区へ向かう渡し船が沈没し、乗っていた女性職員全員が死亡するという痛ましい事件が起きた。船底に穴が空き、驚いた客全員が片舷に寄ったため船が傾き、10〜20代という若き乗客25人全員が亡くなってしまったのだ。

その後、遺体は「二十五淑女公墓」に合同埋葬されたが、夜になるとどこからともなく泣き声が聞こえてくるという噂が広まり、周辺住人は恐れ慄いた。当初、共同墓地は港の近くにあったが、港の工事のために納骨堂の横に移設され、労動女性紀念公園と命名された。しかし、近隣住民が公園に女性たちの霊が出るのを恐れたため、納骨堂を管理しているお寺に女性たちを供養するための地蔵を安置して現在に至る。

この場所まで送ってくれたタクシー運転手に話を聞くと、ここで怪奇現象に遭遇したという2人の話

を聞かせてもらうことができた。

メイリンさんという女性は、労動女性紀念公園に行った際、「この場所には幽霊が出る」と面白おかしく話していたところ、急に唇が腫れあがりアヒルのような顔になってしまった。病院に行っても原因はわからない。困ったメイリンさんはお寺に行って事の顛末を話したところ、すぐにお祓いをしてもらうことになり、唇の腫れは嘘のように治ったのだという。

また、高雄で警察官をしているウェイさんは、非番の日に友人と2人で酒を飲んでから公園の前の道を歩いて帰っていた。

「ほら、お前もここの噂知ってるだろ?」

「あぁ、幽霊が出るんだろ?」

「そうだよ。そんなもんいるわけねぇのにな」

ウェイさんは酒の勢いもあって、笑いながら公園の隅に向かって立小便を始めた。そして、用を足し終わり歩き始めた2人の後ろから、女性の声が聞こえてきた。

「何されてたんですか?」

2人して振り返るが、そこには誰もいない。怖くなった2人は走って公園から離れたという。

光化門
Gwanghwamun／ソウル

光化門はソウルの中心に位置する、景福宮の城門の遺構だ。

この門は1394年に建設され、幾度かの焼失を経て現在に至る。これまでに多くの韓国ドラマや映画のロケ地として使用されており、韓国好きの日本人ならば一度は見たことがあるだろう。

一見、心霊スポットとはほど遠い煌びやかな雰囲気の観光名所なのだが、チラホラと怪談話も噂されている。

「朝鮮時代は処刑場だったため、ここで処刑された人々の霊が彷徨っている」という理由なのだが、正確には光化門ではなく、少し離れた西小門のあたりが処刑場だったようだ。当時の受刑者たちは、門の前にある現在の世宗路交差点付近に収容され、そこから刑場へと連れて行かれて斬首されたことから、光化門から処刑場までの道のりは〝死の道〟と呼ばれていたという。

そして、この世宗路交差点は事故多発地点として

知られている。これは幽霊の目撃情報も多いことから、怪奇現象に遭ったドライバーが事故を起こしているのではないかとの説もある。

さらに調べていくと、韓国人記者のパク・ジョンイン氏が執筆した『光化門怪談』という本に行き当たった。

光化門広場は、2022年8月に1068億ウォンをかけて大規模工事が行われた。その際に政府は風水的な要因から工事が必要だと説明をしたが、それは表向きであって、実情は利権絡みの工事だったことを『光化門怪談』で暴いている。

書籍のタイトルに〝怪談〟とはあるが、その内容は心霊的な話ではないのだ。「光化門＝心霊スポット」というイメージは、『光化門怪談』という本のタイトルが独り歩きしている部分もあるのかもしれない。

処刑場へと続く死の道、事故多発地帯、『光化門怪談』と複数の負の要因が重なり、心霊スポットと噂されている光化門。数少ない韓国の心霊スポットの中では、外すことのできない場所と言えるだろう。

鍾路3街といえば、オシャレなカフェや屋台の建ち並ぶ若者に人気の観光スポットなのだが、ひとつ裏の路地に入ると少し雰囲気が変わってくる。

鍾路3街の裏道はかつて売春のメッカとして知られ、数十年前は生活苦にあえぐ売春婦の集団が点在していた。望まぬ売春で生計を立てながら、志半ばで亡くなった女性は〝処女幽霊（処女鬼神）〟になると言われ、韓国ではとても恐れられている幽霊なのだ。

処女幽霊とは、性交渉をしたことがない女性の幽霊という意味ではなく、結婚しないまま亡くなった女性の霊を指す言葉で、その姿は〝白い服に地面まで届きそうな長い髪〟という『リング』に登場する貞子そっくりな姿で描かれることが多い。

また、鍾路3街の裏道では薬物トラブルによる死傷事件なども時折起こっているようで、「付近のモーテルでも幽霊を見た」という書き込みがネット上で散見される。そして、今でもこの場所を夜に通ると、誰もいないはずなのに腕を引っ張られることがあると噂されている。

韓国民俗村
Korean Folk Village／キョンギド

ソウルの南に位置するキョンギドにある韓国民俗村。広大な敷地内には、朝鮮時代の生活様式を再現した270棟の伝統家屋があり、能楽や馬術武芸などの公演も毎日行われている。

過去には「宮廷女官チャングムの誓い」など日本でも有名なドラマのロケ地になっており、国内外から多くの観光客が訪れる人気のスポットだ。

そんな韓国民俗村の中で最も大掛かりに行われているイベントが、夏の期間限定で開催される「深夜恐怖村」だ。

約20万坪を超える敷地内でお化け屋敷などの様々なホラーイベントが開催されるのだが、そこに本物の幽霊が混じることがあるというのだ。出てくる幽霊は処女幽霊で白い服を着ており、村内を彷徨っているという。また、お化け役のスタッフによると帰宅中、周囲に人の気配がまったくないにもかかわらず、足音や女性の泣き声が聞こえてくるという怪奇現象に見舞われたそうだ。

家給人足
國泰民安

塔谷公園
Tapgol Park／ソウル

塔谷公園の歴史は古く、その始まりは15世紀まで遡る。朝鮮王朝第7代国王である世祖の命で、荒れ果てた寺跡を改修して円覚寺を建立。その後16世紀初頭に、第10代国王・燕山君によって一帯の建物が取り壊されたが、寺跡に住居を建てるわけにもいかず、ソウルの中心地であるにもかかわらず、荒地はそのまま放置され続けたそうだ。

いつしかこの公園は若い男女の逢瀬の場となり、多くのカップルがこの場で愛を育んだ。その結果、望まれない子供ができてしまったときは、またここへ捨てにくることもあったという。

１８９７年にようやく西洋風公園として改修され、１９２０年にはソウル最初の公園として庶民に解放されることになった。

そんな塔谷公園なのだが、近年も自殺者が出ることや、周辺で薬物中毒者による死亡事故が起こるなど、曰く付きの場所として知られ、昼夜問わず幽霊の出る公園だと言われている。

独立門
Dongnimmun Gate ／ソウル

独立門は、1897年に清国からの独立を記念して建てられた。高さ14メートル、幅は11・5メートルあり、約1850個の御影石から作られている。

独立門と独立門公園は、朝鮮独立運動の拠点として名誉ある場所だとされているが、建立当初は周辺地域の治安はあまりよくなかったという。付近では盗賊や強盗が蔓延り、さらにはトッケビが人を襲うという噂も流れた。このトッケビは日本語では〝鬼〟と訳されることが多いが、日本のそれとは違い、具体的な姿が伝承されているわけではなく、古くから妖精や妖怪を表すために用いられてきた抽象的な呼び名だ。

トッケビが人にいたずらを仕掛ける話もあれば、富をもたらすという話もあり、独立門周辺に出現するトッケビは当時の男性の貴重なサントゥ（朝鮮風ちょんまげ）を切り落としたり、最悪の場合は死に至らしめていたと言い伝えられている。

麻浦大橋
Mapo Bridge／ソウル

ソウルの麻浦区道花洞と永登浦区汝矣島洞を結ぶ、1400メートルの長さを誇る麻浦大橋。この場所が心霊スポットと呼ばれる由縁は、韓国一の自殺の名所だからだ。

2012年には歩行者の動きを感知するセンサーを設置し、自殺者を慰める文字と光が出るようにしたが、ほとんど効果がなく19年に撤去されている。ソウル市の消防によれば、21～23年9月までに麻浦大橋で投身自殺を図ろうとした人数は、622件にも上る。それに対し行政は新たな対策を講じた。21年には自殺志願者の行動パターンを察知するAIを導入。結果、死者数は21年が19人、23年には2人にまで減少。自殺志願者のほとんどは飛び降りるのをやめるか、飛び降りたとしても迅速な救助により生還しているのだ。

減少したとはいえ、1970年の開通からそれなりの死者を出しているので、夜に橋を歩いているときに幽霊を見たという目撃談は後を絶たない。

13
52

龍馬ランド
Yongma Land／ソウル

近年、廃墟好きや韓国好きたちの間で密かに話題となっている場所がある。それがソウル東部にある閉園した遊園地、龍馬ランドだ。〝閉園〟と書いたのは、実はこの場所は廃墟ではなく、閉園した遊園地を撮影スタジオとして貸し出しているからだ。

入場料を払えば、メルヘンと荒廃が入り混じったカオスな空間で合法的に撮影が行える。

そのためK－POPアイドルのPV、映画・ドラマのロケ地としても活用されており、それを見た若者たちが国内外から聖地巡礼としてひっきりなしにこの地を訪れている。また、アイドルの撮影会の会場としても人気で、筆者が訪れた際も地下アイドルのような女性と、それを取り囲む追っかけのファンの方々が10名ほどで撮影会を行っていた。

閉園後も多くの人に親しまれている一方、歴とした心霊スポットでもある。かつてこの遊園地の遊具で少女が死亡する事故が起こっており、浮かばれない少女の魂が園内を彷徨っていると噂されている。

西営盤社区総合大楼

Sai Ying Pun Community Complex／サイワン

西営盤社区総合大楼は、1892年に建てられた香港屈指の歴史的建造物だ。当初は国立病院の外国人看護師寮であったが、1939年に精神病院の女性専用病棟として改築。第二次世界大戦の日本占領時期には「旧日本軍が処刑場にしていた」という噂があるが、真相は定かではない。

終戦後は再び精神病院として使用されていたのだが、70年代に空き家となった頃から「悲痛な叫び声が聞こえた」「建物の景観が突然変わり、日本兵が処刑を行っている情景が見えた」など様々な噂が広まり〝高街鬼屋（ハイ・ストリートの幽霊屋敷）〟と恐れられるようになった。

1998年、政府が建物を再建し「西営盤コミュニティ・コンプレックス」としてリニューアルしたものの、向かいにある九龍佐治五世（ジョージ5世）紀念公園もまた、怪奇現象の噂が後を絶たない心霊スポットであることも手伝って、オカルト好きには人気の心霊スポットとして君臨している。

屏山公立達徳学校

Ping Shan Dad Public School／ピンシャン

香港で最も恐れられている心霊スポットが、この屏山公立達徳学校だ。

「かつて旧日本軍に抵抗した大勢の近隣住民が虐殺され、山腹に埋められた」「トイレで自殺した校長の幽霊が出る」「赤い服を着た女性の幽霊が出る」といった噂話が絶えず、また景観の不気味さも相まって、1998年の廃校以降は心霊スポットとして注目されている。

面白半分で侵入する者が後を絶たず、中でも2012年9月に12人の中学生が忍び込んだ際は、1人の少女が赤い服の女性を目撃して発狂し、大きな騒ぎとなった。少女は仲間に噛み付いたり引っ掻いたりと大暴れしたために、現場に警察と救急車が駆けつける事態となった。

この事件は現地のニュースでも取り上げられ、達徳学校の知名度をより広めることにも繋がった。今ではCNNの「アジア最恐心霊スポット10選」にも選出されている。

筆者が2019年5月にこの地を訪れたときのことだ。

校舎の入り口には大きな線香立てが置かれ、大量の線香がお供えしてあった。完全な廃墟ではなく、まだ管理している人はいるようだった。

内部へと進むと、教室内には首から複数のロザリオを下げたマリア像があった。香港で信仰されている宗教は、主に、仏教、道教、キリスト教なので、線香とマリア像自体はこの国では不思議なモノではないのだが、施設内に異なる宗教が混在していることに不気味さを感じた。今現在この施設を管理している人々は、一体何を恐れてこれらを置いているのだろうか。

フラッシュを焚きながら敷地内の撮影を続けていると、突然、校門を開く鉄の軋む大きな音と数人の話し声が聞こえてきた。「カメラのフラッシュに気づいて、誰か人が来たのか?」と思い、ライトを消して隠れたのだが、10分ほど経つと話し声は聞こえなくなった。恐る恐る門を見に行くと、そこには誰もおらず、門は最初と同じ閉まったままの状態だった。あれが怪奇現象だったのかどうかは、今でもわからない。

観音蓮花苑
Guan Yin Statue／マカオ

1999年に完成した観音蓮花苑は、ポルトガル人の建築家兼彫刻家、クリスティーナ・ロシャ・レイリアによって設計された、どこか日本のものとは違う異国情緒を纏った観音像だ。日本人から見ると、観音像というよりはマリア像に近いような印象を受ける。高さ7メートルの蓮の上に聳え立ち、像の高さは20メートルとなかなかの大きさ。内部は宗教文化センターとなっており、定休日である金曜日以外は10時から18時まで無料で観覧することができる。

この場所が心霊スポットと呼ばれている理由は、時折水死体がこの下に流れ着くことがあるからだと言われている。観音とは観世音菩薩の略称であり、大衆を苦悩から救済する慈悲深い菩薩だ。何らかの複雑な理由で人生を終えた迷える者の魂が、救いを求めて観音像の元にやって来るのだろうか。

澳門國際中心

Centro Internacional de Macao ／マカオ

1989年に建てられたこの大規模住宅は13の建物に分かれており、ショッピングモールも併設されている。建築当初は旧香港マカオ・フェリー・ターミナルに近いことから多くの投資家がレストランや娯楽施設などをオープンさせたが、93年にフェリー・ターミナルが移転してからは客足が一気に遠のき、店舗は次々と閉店していった。

その後、施設の衰退とともに内外の治安は悪化し、麻薬、違法賭博、違法ポルノ、強姦などの犯罪が蔓延り、周辺住民からは〝マカオの癌〟として忌み嫌われる場所となっていった。

99年にはカジノを営む馬文華が澳門國際中心のショッピングモール入り口で5発の銃弾を撃ち込まれて射殺され、建物内での強盗や監禁が多数発生するなど半ばスラムのような様態が続いていた。そして、2011年に1階

レストランでガス爆発が起こり13人が負傷。さらに、追い打ちをかけるように、2013年には違法民泊に使用されていた部屋のベッド下から、死後三日の女性の遺体が発見されるという事件も発生した。

〝マカオ最恐スポット〟と呼ぶにふさわしい陰惨な歴史を辿ってきた澳門國際中心だが、現在も居住者がおり、1階では飲食店や商店が営業を続けている。しかし近年は心霊YouTuberが突撃することも増え、一般的には心霊物件という見方をされることが多くなっているようだ。

筆者は1階のレストランで食事をし、フロアスタッフの女性に翻訳アプリで「上面有鬼呪?（そこに幽霊がいますか?）」と見せたところ、「メイヨー（ない）」と苦笑いで返された。果たして真実はどうなのだろうか……。

アドゥアナ・ビルディング
Aduana Building／マニラ

この建物の歴史は複雑で、崩壊と再築を１００年以上に渡り繰り返している。最初に建てられたのは１８２９年で、当初は税関として使用されていた。１８６３年に地震の被害を受け、１８７２年に建物解体、１８７６年に再建された。それからは税関、民政局、財務省、造幣局として使用され続けた。第二次世界大戦が始まると、建物は度重なる爆撃を受けて崩壊してしまう。戦後に修復され、フィリピン中央銀行の事務所として使用されるも、１９７９年に火災が発生。そのまま放置されたことで、不気味な雰囲気が醸造されていった。

またこの辺り一帯は、第二次世界大戦末期に10万人を超える死者を出した「マニラ大虐殺」の現場でもあることから、心霊スポットと呼ばれるようになっていった。フィリピンの超常現象研究家からは〝悪魔が出現する場所〟とも呼ばれている。

２０２１年から建物の修復に着手し、２０２４年現在も工事が続いている。

アルティカ・ドーム
Artica Dome／ダバオ

1999年、当時のダバオ市長であるデ・グスマンによって建設が開始されたアルティカ・ドーム。3億ペソ（日本円で約8億円）の融資を受けて建設が開始されたが、2001年にダバオ市長に就任したロドリゴ・ドゥテルテがドーム建設の異常性を指摘する。対策調査本部を設置した結果、このドームは断層上にあり、渓谷から近く、建設資材強度も規定値を満たしていないことが発覚し、建設プロジェクトは中止。

なんともドゥテルテ大統領らしいのが、アルティカ・ドームを「デ・グスマン元市長の腐敗した政権の記念碑」にすると発表し、ドームは建築途中で放棄されることになった。

その後、関係者から「市の公立墓地が過密になっている。ここを火葬場や霊廟にしてはどうか」との皮肉に満ちた案も出たが、結局一度も完成することのないまま、現在では若者たちの恰好の肝試しスポットとなっている。

ヴィラ・エピファニア
Villa Epifania／パンパンガ

1932年に建てられたヴィラ・エピファニアは、パンパンガ州初の総コンクリート製住宅と言われている。

豪族アルベンディアス一族のドーニャ・エピファニアが初代の主人であったことから、その名が付けられた。10数年ほど前までは現オーナーの家族が住んでいたのだが、家屋の崩壊が激しいため別の場所に移り、現在は空き家となっている。

また、この場所は過去に映画のロケ地としても使用されており、フィリピンに存在する歴史ある邸宅の中でも特に知られている物件である。

この場所は第二次世界大戦中に旧日本軍が占領し、屋内で拷問や処刑を行っていたという噂があり、その際に殺された者の魂が未だに彷徨っていると囁かれている。

テレビの心霊ドキュメント番組で何度も取り上げられており、近年では心霊YouTuberたちが次々と訪れているため、心霊屋敷としての知名度はますま

す上がっている。
現在この場所は、廃墟ではなくケアテーカーが定期的に訪れて清掃などの管理を行っているため、立ち入りには許可が必要だ。

筆者はケアテーカー同伴で、とある心霊番組のロケをこの場所で行ったのだが、話を聞いているとどうもこの家に出る霊は旧日本軍ではなく、前オーナーや子供の霊なのだという。家への執着が強い前オーナーの霊がまだこの場所に彷徨っていて、子供の霊は裏庭にある巨大なバレテの木に引き寄せられているそうだ。

ケアテーカーの女性はサードアイ（霊感）を持っており、しばしば家の中で霊現象に遭遇するらしいのだが、その中でも毎回子供の霊が出るのはキャビネットの中で、筆者たちのロケ中にも彼女はキャビネットの中で泣いている男の子の霊を目撃している。

その子供の霊の姿を捉えようと監督がカメラをキャビネットに向けると、急にカメラの照明が落ちるというトラブルに見舞われてしまったのだが、残念ながら映像には霊の姿は映っていなかった。

ルソン島北部の都市バギオからさらに北に車で数時間進むと、道の脇に「OPDAS CAVE」の標識が見えてくる。標識に従ってまったく観光地感のない細い路地を進むと、何の変哲もない民家があり、そこの住民に50ペソを払うと洞窟へと続く階段に進むことができる。

階段を下りてゲートを開けると、そこにはフランスのカタコンベを思わせる大量の骨が綺麗に整列されており、インディ・ジョーンズの世界に迷い込んだかのような錯覚を覚える。これらの骨は東京大学によって炭素年代測定されており、約500~1000年前のものだと言われている。

この洞窟は1991年に環境局によって改修され、一般公開され始めたのだが、現在も私有地の一部であるために、途中の民家の住民に通行料を払う必要があるということだ。50ペソを払うついでに、「ここで幽霊を見たことはある?」と尋ねると、「ノー」と笑いながら返された。

ギャップ・ファーミング・リゾート
Gap Farming Resort／ダバオ

ダバオ郊外にある大型リゾート施設、ギャップ・ファーミング・リゾート。広大な敷地の中には多種多様なトロピカルフルーツや植物があり、レストラン、ホテル、プール、礼拝堂、乗馬スペースと、子供から大人まで楽しめる施設が揃った複合型テーマパークなのだが、その中でもひときわ目を引くのが、大小様々な彫像たちだ。

入り口では高さ10メートルを超えるであろう巨大なカラバオ（水牛）の彫像が出迎えてくれ、奥へ進むとフィリピンの歴代大統領、フィリピン各地の部族、英雄など、優に100点を超える緩い造形の彫像が訪問者を待っている。

そんな彫像たちの中で、少し不気味なエリアがある。それはConferencia ng mga Multo sa GAP Farming（ギャップ・ファーミング・リゾートの幽霊会議）エリアだ。直径10メートルほどのエリアには、ホワイトレディ（白い服を着た髪の長い女の幽霊）、ティクバラン（半人半獣）、カプレ（喫煙する

巨人）など、フィリピンを代表する妖怪たちが勢揃いしている。

この不気味な彫像の影響なのか、施設内には本物のモンスターが現れることがあるそうだ。

土産物売り場の女性に聞いた話では、以前観光客がレジで商品を差し出してきたのだが、店員の後ろを見るなり顔が真っ青になりガタガタと震え出したかと思うと、女性の後ろを指さして「カプレ！」と叫び、そのまま逃げだしたことがあったという。レジの女性は怖くて、しばらく後ろを振り返ることができなかったそうだ。

また、彼女はJapanese Caveエリアで同僚のドッペルゲンガーを目撃している。

このエリアは第二次世界大戦中に旧日本軍が掘った防空壕をそのままテーマパークとして活用しているのだが、洞窟の中に小野田少尉がいたかと思うと、ひとつ目の巨人がいたりと、まったくまとまりのないB級スポットになっている。

彼女が洞窟付近で見かけた同僚に話しかけたのだが無視をされ、後で別の場所で話しかけてみると、「洞窟付近には今日は行っていない」と言われた体験が何度かあるそうだ。

クラーク空軍基地病院
Clark Air Base Hospital／パンパンガ

クラーク空軍基地病院は、パンパンガ州アンヘレスの北西部、クラークフィールドに位置している。アンヘレスといえば聞いたことがある人もいるかもしれないが、この場所は〝アジア最大級の風俗街〟と呼ばれ、世界中からナイトライフを求め訪れる男が集まる、非常に活気溢れる街なのだ。

アンヘレスはアメリカがフィリピンを統治していた1903年に開かれ、長い間アメリカのフィリピンにおける重要な拠点となっていた。それに伴うようにして風俗産業も発展し、米軍撤退後もその勢いは衰えることはなく、今日まで続いているという状況だ。

クラーク空軍基地病院は、1964年にアメリカの空軍基地に併設される形で建設され、1991年に空軍基地がフィリピンに返還されるまでの27年間、稼働していた。

フィリピンの心霊好きの人に取材してみると「この場所こそがフィリピンで一番怖い廃墟だ」という意見が多かった。なぜかというと、ベトナム戦争で戦死した多くのアメリカ兵の遺体を本国へ輸送する際、中継地点となったのが、このクラーク空軍基地病院だったからだ。地下には大型の遺体安置所があり、当時はそこが遺体で埋め尽くされたという。

また、この場所では軍人だけでなく、妊婦や子供の霊も出ると言われている。この病院は3階エリアが産婦人科として使われていたのだが、当時の医療技術では妊婦や胎児が亡くなることもしばしばあり、それらの浮かばれない魂が彷徨っているのだという。

数十年間も廃墟として存在しているこの建物だが、現在は国が管理しているようで、24時間体制で拳銃を所持した警備員が巡回して訪問者は容赦なく追い返される。

しかし、心霊マニアやYouTuberが撮影を試みることが多々あり、中には警備員の目をかいくぐって侵入する者や、チップ目当ての警備員によって内部への潜入を許される者もいるようだ。

ケイビアン・トンネル
Kaybiang Tunnel／カビテ

この場所は日本人からすると何の変哲もない、いたって普通のトンネルなのだが、フィリピンの国土は高低差が少なく、技術的、金銭的な理由もあってか、地元の人々にとっては〝トンネル〟というもの自体が大変珍しい。

そのため、この場所は地元で人気の観光地となっていて、トンネル入り口から数十メートルに渡って土産物屋や軽食屋が軒を連ねており、週末ともなると一日に数百人にもなる観光客相手にしのぎを削っている。

また、この周辺は第二次世界大戦時に多くの旧日本兵が戦火を交えた場所で、戦いによって亡くなった日本兵もいれば、日本兵によって殺されたフィリピン人もいた。そのため、ケイビアン・トンネルは心霊スポットとしても知られている。

そして近年では、強姦や強盗などによって殺された遺体がこの辺りまで運んで来られ、遺棄されるという事件も起こっている。それらの浮かばれない魂

が未だに付近を彷徨っているというのだ。

トンネルの前でサリサリ・ストアという小さな商店を営んでいるチャームさんからは、こんな話を聞かせてもらった。

チャームさんの店はトンネルから20メートルほど離れた道の脇にあるのだが、そこは住居も兼ねていて家族4人で生活しているそうだ。チャームさんの家には水道がないため、わざわざ道路を渡って水を汲みに行かないといけない。ある日の夜、旦那さんと2人で水を汲みに行ったときのことだ。水を汲み終わって振り返ると、家から10メートルほど離れたところに、いつの間にか白い服を着た女が立っていたという。その女は暗闇でもなぜかはっきりと全身を見て取れ、まるで女自体が発光しているかのようだった。

「あなた！　見てあれ！」

怖くなったチャームさんは声を潜めて隣にいる夫に訴えたが、夫には女性の姿は見えていなかった。

「生きている人間じゃない！」

チャームさんは何が起こったかわかっていない夫の手を引いて、急いで家の中に戻ったそうだ。

コレヒドール島

Corregidor／カビテ

マニラ沖に浮かぶこの小さな島は第二次世界大戦の激戦区であり、この島を占拠すればマニラ湾の主導権を握れるため、米軍と旧日本軍が血みどろの争いを繰り広げた場所である。

戦時中の数年間は旧日本軍の支配下にあったのだが、その後米軍に島を奪還され、旧日本兵はマリンタ・トンネルという大型の倉庫兼防空壕に潜り、捕虜になるのを拒んでトンネル内で集団自決したと言われている。そのためにトンネル内には強烈な念が残留し、今でも心霊現象が絶えないそうだ。

現在この場所は観光施設となっており、日中はトンネル内で戦時中の物語を音と光で表現するショーが行われている。

以前は夜になると、ガイドの案内を聞きながら、トンネルを懐中電灯だけで探検するゴーストハンティングツアーが行われていたのだが、コロナ禍によって運営会社が倒産してしまい、現在は行われて

いない。

筆者は2020年2月にツアー旅行でこの島を訪れ、日中は戦跡巡り、夕食後に辺りが暗くなってからはゴーストハンティングツアーに参加した。しかし、フィリピン人ガイドの解説は旧日本兵を馬鹿にするような内容もあり、日本人としてはあまり気持ちの良いものではなかった（他の客はほぼフィリピン人と欧米人）。

またこの島には、マリンタ・トンネルと並んで幽霊の目撃談の絶えない場所がある。それはコレヒドール島病院だ。1912年に建設されたこの廃病院は、爆撃によってコンクリート部分以外はすべて吹き飛ばされているが、現在もツアーではガイドの案内で内部を探索することができる。病院内では未だに夜になると兵士たちの叫び声や足音が聞こえてくると言われている。

特に幽霊が出ると噂されている場所はこの2カ所だが、それだけに留まらず島全体が心霊スポットとされており、夜中にホテルから出て辺りを歩くだけでもとてつもない寒気を覚えた。

ザ・オールド・エレーラ・マンション
The Old Herrera Mansion／ケソン

1928年、地元の有力者であるウマル一族の当主が、当時の建築家の中でも凄腕と評判のトーマス・マプアに設計を依頼したのが、ティオンの町中で最も歴史のあるこの邸宅で、ザ・オールド・エレーラ・マンションと呼ばれている

門を潜ると出迎えてくれる噴水の彫刻は、フィリピンの国民的英雄であるホセ・リサールの小説『反逆・暴力・革命――エル・フィリブステリスモ』の登場人物エリアスが、獰猛なワニを制圧する様子を再現している。

造形のこだわりは内部にも及び、建物内には曲線美を活かした鉄の階段や美しい柱、各所に配置された複数の芸術作品など、この家自体が美術館であるかのような素晴らしいものだった。しかし、これらはすべて、精巧に復元されたものである。

1942年1月、旧日本軍はティオンの町を占領し、言うまでもなくエレーラ・マンションもその対象となった。しかし戦況がアメリカ優位になり、米

軍が町を解放するために複数回の爆撃を敢行。旧日本兵が出ていったのはいいものの、もちろんこの家も大打撃を受け、かつての美しい姿を失ってしまう。しばらくの間は応急処置でしのいでいたが、数年後に改修工事が行われ、芸術品も元通りに復元される運びとなった。

しかし、この頃にはすでにエレーラ・マンションには幽霊が出るという話が地元住民の間で広まり始めた。「首のない旧日本兵や老夫婦の幽霊を目撃した」「足枷を引きずる足音を聞いた」など、様々な怪奇現象が町の話題となっていた。

その後、1960年代半ばに、この家の初代当主の妻であったロラ・コンチャが引っ越したのをきっかけに、建物はほとんど放棄されるようになってしまった。そして空き家となってからは、旧日本軍の隠し財宝目当ての盗掘者や、空き巣などが好き放題に侵入し、またしても建物は荒れ果ててしまった。

しかし2012年2月、エレーラハウスの共同所有者である6家族のうちの1人によって改修計画が開始され、2年7カ月もの歳月をかけて完成。それからはケアテーカーが365日住み込みで管理を続けている。

サンチャゴ要塞
Fort Santiago／マニラ

サンチャゴ要塞には長く暗い歴史がある。

元々は1571年にスペインの航海士兼知事であるミゲル・ロペス・デ・レガスピによって築かれた都市防衛のための要塞だったのだが、スペイン統治時代と第二次世界大戦時には一部が刑務所として使用され、多くの囚人や捕虜が牢の中で苦しみ抜いた末に亡くなったと言われている。

要塞の正面はパシグ川という大型河川に面しており、これは侵略者に対する抑止力であるとともに、川の水を牢に曳いて水攻めなどの拷問にも使われていたそうだ。

特に悲惨だったのは第二次世界大戦時のことで、当時この場所には日本の憲兵隊本部が置かれており、地下牢に多くの捕虜や囚人を監禁して、拷問や殺害を行っていたと言われている。

今現在、地下牢は観光スペースとして公開されているが、米軍によってこの場所が解放されたときに

は数百の遺体が発見されており、地下牢の壁には実際に発見された大量の腐乱死体の写真が展示されている。そのため、地下牢には浮かばれない多くの魂が彷徨っており、観光客が体を触られたり、泣き叫ぶ声や足音を聞いたりといった怪奇現象が相次いで発生している。

もうひとつ、サンチャゴ要塞の歴史を語るうえで忘れてはならないのがホセ・リサールだろう。

リサールは１８９６年から始まったフィリピン革命における初期の指導者であり、現代でも国民的英雄として称え続けられている存在だ。

リサールは革命の際に、ここサンチャゴ要塞に投獄され、２カ月間監禁されている。そして裁判の後に要塞からリサール公園まで歩いて向かい、銃殺刑に処されたのだ。

現在もこの地を訪れたフィリピン人たちから、「リサールが過ごした独房周辺で彼の霊を見た」「リサールの声を聞いた」という話が絶えないため、フィリピンの一部の人々は、今でもリサールの魂がこの場所に残っていると考えている。

シキホール島
Siquijor Island／シキホール

フィリピン人が「一番怖い島だ」と口を揃えて語る島がある。それがビサヤ諸島の南部に位置する、黒魔術の島として知られるシキホール島だ。

この島が〝黒魔術の島〟と呼ばれるようになった歴史は古く、1600年代のスペインとの貿易時代にまで遡る。

当時、シキホール島はビサヤ地方への貿易の航路にあり、スペイン人船員が怪我をしたり病気に罹った場合は、この島に上陸して可能な限りの手当てを受けていた。

しかし、島民たちが行った独特の治療法はスペイン人の目には魔術のように映り、次第に〝黒魔術の島〟〝魔女の島〟と呼ばれ恐れられていく。

また、夜に船からシキホール島を見ると、島のあちこちで火が灯ったような光が見えることから、船員たちの間で〝火の島〟と呼ばれることもあったそうだ。これは大木に蛍が群がることで起きる現象なのだが、この島独特の治療法と相まって、神秘的な

印象を与えたはずだ。

そうやって長い間、魔女の島という印象を持たれ続けていたシキホール島だが、極めつけは2007年にフィリピンで公開されたホラー映画『Siquijor: Mystic Island』だった。

この映画は、TV撮影クルーがシキホール島の神秘的な一面を紹介しようと島に向かうのだが、地元住民の怒りを買ってしまい、黒魔術によって次々に殺されていくというストーリーである。

この映画が公開されたことによって、フィリピン人の間で〝シキホール島＝黒魔術の島〟というイメージが強まったことは明白で、フィリピン人に「シキホール島に取材に行きたい」と伝えると、「あんなに恐ろしいところには行きたくない」と返されることが多かった。

そんなシキホール島の中でも特に幽霊が出ると言われているのは、「Labrador Church（ラブラドール教会）」、「Lazi Convent（ラジ修道院）」、「Balete tree（バレテツリー）」、「cemetery（墓地）」の4カ所である。興味がある読者は、ぜひ覚えておいてほしい。

ジャパニーズ・トンネル

Japanese Tunnel／ベンゲット

第二次世界大戦時、ルソン島北部最大の山岳都市であるベンゲット州バギオを制圧した旧日本軍は、多くの捕虜を導入して至る所に防空壕を掘った。壕内には武器や弾薬を保管していたという。

戦況がアメリカ優位になると、米軍は次々と防空壕を発見し、投降しない場合は入り口を爆破して旧日本兵を閉じ込めてしまったと言われている。内部に取り残された者の運命は悲惨極まりなく、自ら命を絶つか、餓死するのを待つしかなかった。

ほとんどの防空壕は埋もれたまま放置されているが、いくつかはきちんと整備して「ジャパニーズ・トンネル」という名のテーマパークとして活用している。

そんなジャパニーズ・トンネルの中でも有名なものが、バギオのボタニカルガーデンという植物園の中にあるものだ。このトンネルは植物園利用者なら誰でも無料で見学することができる。凄惨な過去のあったこの防空壕の中では、旧日本兵の姿を目撃し

たり、声を聴いたりといった心霊現象が多くの観光客から報告されている。

また、フィリピンと第二次世界大戦といえば、都市伝説好きの方であれば必ず思い浮かべるのが〝山下財宝〟だろう。

「東南アジアに散らばる財宝をこれらの地域を占領した旧日本軍が徴収し、持ち帰ろうとしたものの海上輸送路への攻撃が激化。後に回収するためにフィリピン各地に隠したが、関係者が戦犯として処刑されたため、財宝の隠し場所がどこなのか誰にもわからなくなってしまった」というのが大まかな内容だ。

ただ、これはあくまで都市伝説であり、実際にフィリピン各地に隠されたのは財宝ではなく「丸福」と称される金貨だった。この金貨の一部はバギオへと輸送され、撤退する前にはさらに山中へと輸送されたものの、輸送関係者が全滅したために、その在処がわからなくなってしまったというのだ。

金貨の行方は現在も埋蔵金ハンターたちが追っており、ジャパニーズ・トンネルの封鎖された道の先にも金貨が隠されているという説がある。

セブ国際会議センター
Cebu International Convention Center／セブ

セブ国際会議センターは、第12回ASEANサミットと第2回東アジアサミットのため、政府が1000万ドルをかけて建設した3階建ての大規模な施設で、2006年11月に完成した。

2万8000平方メートルの延床面積を誇るこの建物は、1800人を収容できる本会議ホール、展示ホール、そして複数の会議室を備えている。

完成後は国際サミット以外にも様々なイベントで使用されていたが、13年10月にセブ島を襲ったマグニチュード7.2の地震によって損壊。そしてその修復が始まる前に、同年11月の台風ヨランダによって、さらなる被害を受けてしまう。

しかしこの時、建設時のセブ州知事であったグウェンドリン・ガルシア氏と他の6人の職人が、センター建設における不正行為で起訴されていたことにより、当時の知事であるイラリオ・ダビデ氏はセンター修復はしないことを誓い、長きに渡ってこの巨大建造物は放置されていた。

そしてさらに21年、1200万人に影響を与え、一晩で数百人の死者を出した超大型台風オデットにより、建物はさらに壊滅的な被害を受けてしまう。

筆者は23年の9月、セブで活動している「CEBU GHOST HUNTERS PH」の2人に現地を案内してもらうことができたのだが、このときには近隣で起きた大規模火災の犠牲者たちが建物周辺に小屋を建て住んでおり、辺りにはスラムのような雰囲気が漂っていた。そして、センター内は被災者たちのトイレと化し、至る所に排せつ物が転がっていて、常に悪臭が漂うような状況だった。

また、数年前には麻薬取引のトラブルで男性がセンター内で射殺され、水の溜まったエレベーターシャフトに遺棄されるという事件も起こっている。建物内のガラスには生々しい銃痕が残っており、背筋に冷たいものが走った。

この建物内では何人もの被災者が幽霊を目撃しているのだが、それは射殺された男性ではなく、ほとんどの場合がホワイトレディなのだという。なぜこの場所にホワイトレディが出現するのかは、彼らにもわからないそうだ。

ディプロマット・ホテル
Old Diplomat Hotel／ベンゲット

ルソン島北部最大の都市であるベンゲット州のバギオ。ほとんどの地域が温暖な気候であるフィリピンにおいて、バギオは高山地帯であることから、数少ない避暑地として人気の観光地であるとともに、数多くの心霊スポットを有する地域でもある。

心霊スポットが多い理由としては、第二次世界大戦時に旧日本軍、米軍、フィリピン軍やフィリピン人ゲリラが激戦を行い、未だに浮かばれない霊が多く彷徨っているからだと言われている。

数あるバギオの心霊スポットの中でも、最も怖い場所として知られているのが、このディプロマット・ホテルである。現在は観光地として一般に解放されているが、建物周辺では未だに多くの心霊話が囁かれている。

このディプロマット・ホテルは1915年の建築当初には神学校として使われていたのだが、生徒が集まらないことを理由に学校はわずか2年で閉鎖となり、そこからは修道士と修道女の別荘として使用されていた。

そして、第二次世界大戦時は旧日本軍から逃れてきた避難民のシェルターとして使われていたのだが、旧日本兵が攻めてくると、修道士と修道女、避難民らを拷問、強姦、虐殺したと言われている。

戦争終了後は73年にホテルとして改装され、87年まで営業を続けた後、オーナーが死亡したことをきっかけに営業を停止。それからしばらくの間は廃墟状態だったのだが、2005年には市の管理下となり、歴史的建造物、戦争遺産として観光地へと変貌を遂げていくことになる。

観光スポットとして解放されている現在は、毎日管理スタッフが清掃を行い、24時間体制で警備されているのだが、その警備員や清掃スタッフ、また観光客の多くが、この場所で幽霊を目撃している。過去には警備員が幽霊を目撃し、逃げようとして2階から転落して死亡する事故も起こったそうだ。

なおこの場所で最も多い幽霊の目撃情報は、修道女の幽霊だ。

DOMINICAN HILL AND RETREAT
HOUSE (1915)

バハイ・ナ・プラ
Bahay Na Pula ／ブラカン

フィリピンの首都マニラから車で2時間ほど北上したところにあるバハイ・ナ・プラと呼ばれるこの廃屋は、元々は豪族が住んでいた屋敷である。ちなみにバハイ・ナ・プラとはタガログ語で〝赤い家〟という意味だ。

赤い壁が特徴的なこの建物は１９２９年に完成した歴史的建造物であったが、２０１６年に所有者であるイロソリオ家の間で巻き起こった内部抗争により、貴重な建築材を使用していた壁はすべて取り外され、売却されてしまった。そのため、筆者が訪れた２０２２年10月には、すでに土台と屋根しか残っていない寂しい状況となっていた。

ここは日本がフィリピンを占領していた第二次世界大戦時、旧日本軍によって大量の強姦が行われた現場だと言われている。

１９４４年、旧日本軍に対するフィリピン人の反日感情は高まっており、至る所でゲリラ活動が勃発

していた。ゲリラと一般人の区別がつかないことで疑心暗鬼に陥った旧日本軍の一部は、隣町のパンパンガ州マパニキをゲリラの拠点であると想定し、町を攻撃して住民を殺戮。生き残った女性たちは駐屯地として使用されていたバハイ・ナ・プラに連れて来られ、繰り返し強姦されたという。

中にはバハイ・ナ・プラで亡くなる女性もおり、現在でも辺りを掘り返すと人骨が出てくることがあるそうだ。それらの浮かばれない魂はこの場所を彷徨い続け、家の中を人魂が飛び回ったり、助けを求める叫び声が聞こえてくることがあるという。

大戦後しばらくの間、人々はこの地を恐れて近寄ることもなくなったが、90年代に入るとホラー映画のロケ地として使用されるようになり再注目。それを皮切りに超常現象を扱う番組の取材なども入るようになり、心霊スポットとして広く知られるようになっていく。

2022年には、『Bahay Na Pula』というミステリースリラーのフィリピン映画が製作された。これはホラーとは少し違い、そこに現れる幽霊の歴史に焦点を当てた作品となっている。

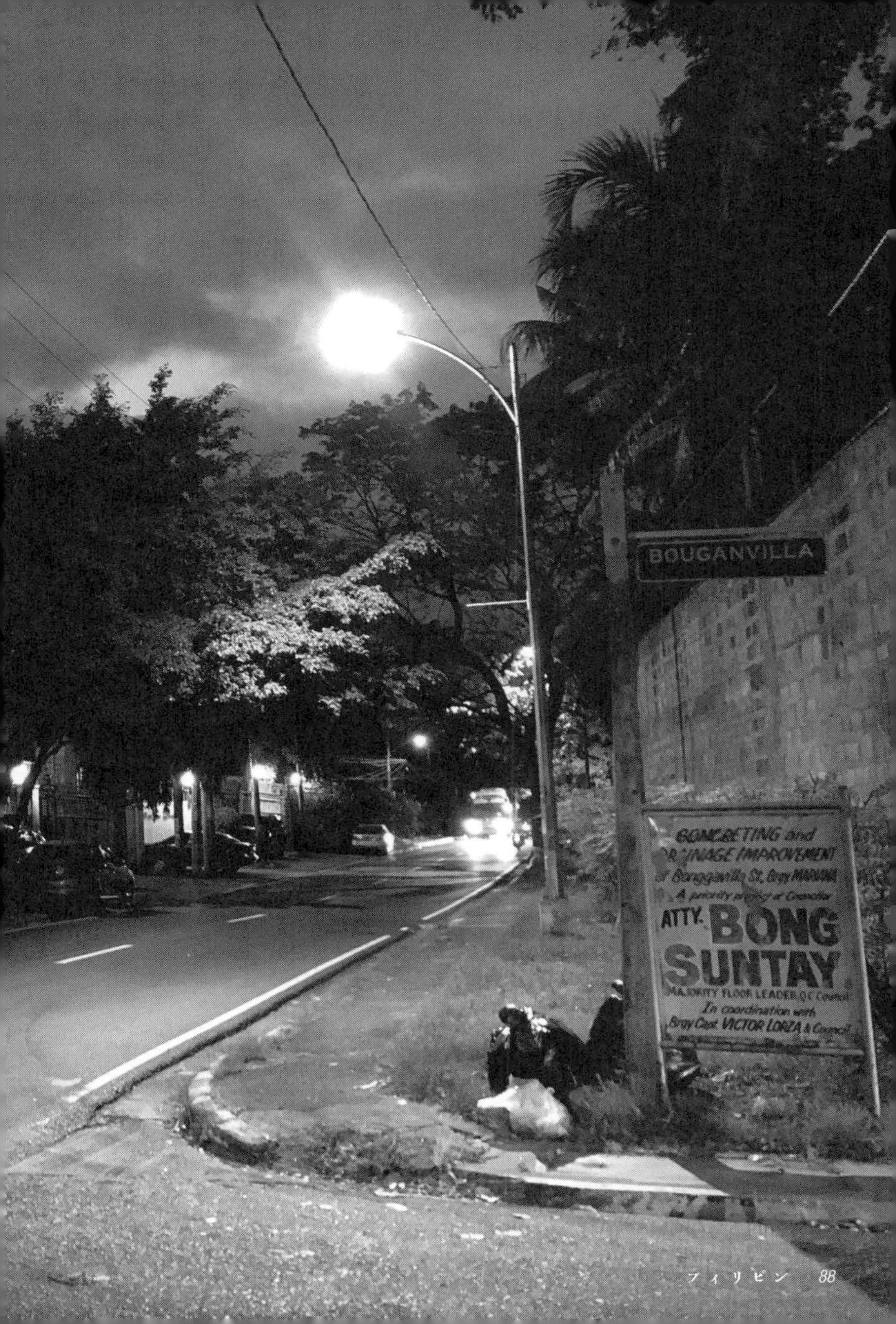

BOUGANVILLA
ATTY. BONG SUNTAY

バレテ・ドライブ

Balete Drive／マニラ

フィリピンの〝タクシー怪談発祥の地〟として名高い、バレテ・ドライブ。不思議なことに、日本のタクシー怪談と同じように「白い服を着た髪の長い女の霊（ホワイトレディ）がタクシーに乗り込んでくる」といった話が、1950年代から広まり始めたそうだ。

女性の霊は「タクシー運転手に強姦されて殺された」「旧日本軍に強姦され殺された」というふたつの説があるのだが、これらの都市伝説は噂が広まる速度を検証するために記者がでっち上げただけという話もある。

元々この通りには、名前の通りバレテの巨木が立ち並んでいた。フィリピンでは古くから〝バレテの木はモンスターや妖精の住処〟と言い伝えられ、ホワイトレディの都市伝説も大衆に受け入れられやすかったのだろう。

88年には、バレテ・ドライブで起きた怪奇現象を再現したホラー映画『Hiwaga sa Balete Drive（バレテ・ドライブ・ミステリー）』が製作されている。

ベンゲットの廃学校
Benguet's Abandoned School／ベンゲット

この場所の情報はほとんどなく、筆者はバギオの探索中に偶然情報を仕入れて訪れることができた。外観は学校のように見えるが、調べてみると「高校が入る予定だったが、建築上の不具合により使用されることはなかった」「オフィスビルとして建てられたが使用されることはなかった」というふたつの説に辿り着いた。

どちらにせよ、使用されることのないまま廃墟になったというのが定説で、心霊好きや廃墟好きの間では〝Benguet's abandoned school（ベンゲットの廃学校）〟と呼ばれている。

筆者が最初に訪れたのは２０２２年10月のこと。夜間だったため治安状況を調べようと付近で聞き込みを行ったところ、かつてこの廃墟では2件の強姦事件が起き、うち1件はそのまま建物内で殺害されたという情報を仕入れた。

撮影は筆者１人で行うため、もしも中に薬中や

ギャングが潜んでいたらと思うと背筋が寒くなった。建物をくまなく撮影して回ったが、幸いにも人間に出合うことはなかった。

そして、2回目に訪れたのは23年の9月。とある心霊番組のロケでのことだ。

建物内に入ると、なぜか1階の大部屋の電気が点いている。辺りには洗濯物が干してあったり、鍋が置いてあったりと、完全に誰かが住んでいる状態だった。

監督と2人で「このままロケをしても大丈夫なのだろうか」と話していると、私たちの話し声に気づいたのか、大部屋から上半身裸の青年が現れて、こちらに近づいてきた。

焦りながらも青年に向かって英語で話しかけたが、ほとんど通じていないようで（通常フィリピンでは英語がほぼ通じる）、仕方がなくジェスチャーで「この場所を撮影したい」と伝えると、笑顔で頷いて部屋へと戻っていった。

それから建物内をすべて撮影して回ったが、残念ながら放送で使われることはなかった。

マニラ・フィルムセンター
Manila Film Center／マニラ

マニラ・フィルムセンターは1982年に行われるマニラ国際映画祭に向けて、フィリピン第10代大統領フェルディナンド・マルコスの夫人であるイメルダ・マルコスの指揮のもと建築が進められた。

着工したのは81年。完成に急を要するという事で約4000人の労働者が3交代24時間体制で従事していたのだが、同年11月17日に事件は起こった。

午前3時、夜間作業が行われている最中に足場が崩壊し、150名を超える作業員が地面に落下。一部の人間はまだ乾いていないコンクリートの中に落ちてしまった。現場では工事中止を危ぶむ上部によって隠ぺい工作が図られ、救急隊が現場に入ることができたのは、事故発生から9時間も後だと言われている。

さらに、コンクリートの中に落下した作業員を救出していると工期が大幅に遅れる恐れがあるため、何人かの作業員がコンクリートに埋まったたまま作業が続けられたという。そのためコンクリートの中に

は作業員たちが埋まっているという噂が一気に広まり、建物の完成後は怪奇現象の起こる劇場としてその名を広く世に轟かせた。

90年にフィリピンを襲った大地震により建物は損壊を受け、一旦は閉鎖されたものの、2001年からはアメージング・ショー（トランスジェンダーのパフォーマーによるショー）の会場として使用されることになった。

ここで働く警備員から、霊の目撃情報を聞くことができた。

夜勤担当の彼は毎晩建物内の定時巡回を行うのだが、巡回中に霊は現れるのだという。

いつものようにライトを手に持って暗い館内を見て回っていたところ、突然物陰から目の前に子供が飛び出してきたかと思うと、フッと消えてしまった。これは一度だけでなく、何度も同じことがあったそうだ。

この場所で亡くなったと言われているのは作業員で成人男性のはずだが、なぜ子供の霊が現れるのかは、彼にもわからないという。

マルコス・ツイン・マンション
Marcos Twin Mansion ／ラグナ

この邸宅は、1980年代に当時の大統領であり独裁者としても知られているフェルディナンド・マルコスによって建てられた。

主にマルコス家のパーティー会場として使用されていたのだが、87年にマルコス大統領が解任された後、マルコス家が不正に取得した財産の一部として押収されることになった。

しかし、2010年。マルコス夫妻が「政府の主張は正当化できない」と申し立てを行い、土地はマルコス家に返還されることになった。しかし、17年にはフィリピン最高裁判所が返還に対しての保留命令を出し、現在この土地の管理人は、大統領府行政規律委員会となっている。

この邸宅は、出入り口すべてが封鎖されていたことと、ケアテーカーの家族が住み込みで管理をしていたことで荒らされることはなく、約40年もの間そのままの状態を保ち続けている。そんな美しさを誇る建造物なのだが、心霊現象が多発すると言われ続

けている場所でもある。
独裁者であったフェルディナンド・マルコス大統領は、この場所で反体制派メンバーの拷問や処刑を行っていたとされており、未だにそれらの魂が建物内を彷徨っていると言われている。夜になると建物内を彷徨う者の姿が目撃されたり、呻き声が聞こえてきたりするというのだ。

2015年には、メトロ・マニラ映画祭の正式出品作品である『Haunted Mansion』がこの邸宅で撮影されているが、その際にジュン・ロブレス・ラナ監督がケアテーカーからいくつもの怪奇体験を聞かされたことを語っている。また、出演者やスタッフが「いるはずのない男の子の話し声や、老人のうめき声を聞いた」「風もないのにドアが突然閉まった」など、撮影中に起こった不気味な出来事を記者会見で明かしている。

映画内のあるシーンでは、家の前を掘る許可を元大統領夫人のイメルダ・マルコスに求めたところ、却下されているが、それはこの場所で処刑された者の骨が出てくることをマルコス家が恐れているからではないかと噂されている。

モンカド・ホテル
Moncado Hotel／セブ

ホテル名にもなっているヒラリオ・モンカドとは、1898年生まれの神秘主義者で政治活動家、さらにサイキックという様々な顔を持つ指導者であった。そんなモンカド指揮のもと、1940年にフィリピン十字軍世界軍（FCWA）の総本部として設立されたこの建物の周辺には、モンカドの死後も彼を信仰する〝モンカディアン〟と呼ばれる人々が住んでいる。

この教団についてはフィリピン国内でもほとんど知られておらず、モンカディアンたちの存在を怪しむ人々の間では、「カルト宗教団体のために建てられたホテル」「見た目は廃墟」「プールは70年からメンテナンス中」「13号室以外は常に満室」「ホテル内に、ホテルの一室で亡くなった創業者のガラス製の納骨堂がある」「ホテル内に幽霊が出る」など様々な噂が囁かれている。

しかし、筆者が現地取材を行ったところ、こういった噂の多くがデマであることが判明した。

まず、モンカディアン曰く、彼らは宗教団体ではなく、共通の思想を持った集団のコロニーであるということ。そして、現在ホテルにはほとんど人は住んでおらず、日中にこの場所に集まるモンカディアンたちは、夜には自宅に帰っているということ。また、プールは日常的には使用していないが、7月4日のアメリカ独立記念日だけは水を満たし、多くの人でプールが賑わうそうだ。納骨堂に関しては、ホテルの中ではなく、敷地内の山の上にガラス張りの納骨堂があり、そこにはモンカド亡き後の指導者であるフェデリコ・ジェイムとその妻の遺体が安置されていた。

そして、一番気になるのが幽霊が出るという噂なのだが、40分ほどモンカディアンの若い女性たちに敷地内を案内してもらった後、何気なく「古い建物なので幽霊はいますか?」と聞くと、その中の1人が「たくさんいる!」と答えてくれた。しかし、すぐさまリーダー格の女性が「ノー!」と怒声を発し、ビサヤ語でキツく幽霊がいると発言した女性を叱責していた。恐らく彼らの間でも幽霊が出るというのは共通認識なのだろうが、外部に漏らすのは禁じられているようだ。

ジェネラル・モンカド・ホワイトハウス
General Moncado White House／ダバオデルノルテ

フィリピン南部に位置するミンダナオ島の都市ダバオから、フェリーで10分ほどのところにサマル島という小さな島がある。

この島には、ダバオに拠点を置く超常現象調査グループ、Davao Paranormal Society（DPS）が、「フィリピン国内で最も幽霊が出る場所」と明言するジェネラル・モンカド・ホワイトハウスがある。

この場所は先にも書いたモンカド・ホテルと同様、ヒラリオ・モンカドによって設立された建物のひとつで、２０１５年の集計ではサマル島全体で約２０００人ものモンカディアンが生活していたとされている。

しかし見ての通り、ホワイトハウスの壁はすべて無く、土台と屋根を残すのみとなっている。家の正面に残る台座上にあったとされる白い像も無く、かつて賑わいを見せた名残りは微塵もない。

モンカディアンたちもすでにこの場所には寄りつ

かなくなっているのだが、すぐ近くに数軒の民家があったので取材してみると、住人たちは2013年頃まで住み込みでホワイトハウスの管理をしていたらしく、様々な話を聞かせてくれた。

ここに幽霊が出没するのはよくあることだそうで、一番多く現れたのはホワイトレディだという。また、家の中では「誰もいない場所から足音が聞こえる」「ベッドが独りでに浮かび上がる」「ベビーベッドに赤ちゃんを乗せていると、勝手に揺らされる」「突然テレビが点いたり消えたりを繰り返す」「窓ガラスに外から小石が投げつけられるが、外を見ても誰もいない」など、様々な不思議なことが起きたそうだ。このような心霊現象は日常茶飯事であったが、特に忘れられない恐怖体験があるという。

ある晩のこと。家族が2階の寝室で寝ていると、誰もいないはずの1階から騒がしい音が聞こえてきた。不審に思った母親が階段上から1階を覗き見ると、そこには沢山の赤ん坊が這いずりながら泣いたり笑ったりしている姿があった。

母親は驚いて動けなくなってしまったのだが、しばらくすると赤ん坊は一斉に消えてしまったそうだ。

ヤップ・サンディエゴ・アンセストラル・ハウス

Yap-Sandiego Ancestral House ／セブ

ヤップ・サンディエゴは、1600年代後半のスペイン植民地時代に、中国人商人ドン・ファン・ヤップが妻と住むために建てた歴史ある邸宅だ。

スペイン様式の建築は300年以上経った今もなお美しさを保ち、台風の被害を受けやすいセブ島でこれだけ維持できていることに驚きを隠せない。

外観もさることながら内部も圧巻で、家の中にはたくさんの工芸品、骨董品、絵画や宗教的なものが所狭しと並べられている。どれも価値の高いものだろうが、信仰心の薄い日本人の目から見ると不気味な人形屋敷といった感は否めなく、心霊スポットと言われれば頷いてしまう。ただ、この場所が心霊スポットとされる所以は、初代オーナーであるドン・ファン・ヤップの霊が出没するからで、人形が動き出すといった話はないようだ。

ラペラル・ホワイトハウス
The Laperal White House／ベンゲット

アメリカ植民地時代にあたる1930年代に建てられたこの屋敷は、ドン・ロベルト率いるバギオで最も古い士族のひとつ、ラペラル家の本家だった。何不自由ない生活を送っていたラペラル家だったのだが、第二次世界大戦に突入すると、状況は一変する。

バギオを占領した旧日本軍はこの家を駐屯地とし、ゲリラの疑いのある者を連れてきては、この場所で拷問と処刑を行ったと言われている。

大戦後に家の権利はラペラル家の元に戻ったのだが、当主のドン・ロベルトはすでに亡くなっており、残された家族が戻ったものの、1人が家の前の階段から転落して死亡している。

さらにその後、娘が道の反対側にいる乳母を追いかけて道路に飛び出し、車に轢かれて死亡。その乳母も寝室で寝ているところを殺害されたと言われている。ただ、これらの立て続けに起こったとされる

事件や事故に関しては、古い時代のことで真偽のほどは定かではない。

しかし、実際に多くの人々が、この家で女性や少女の幽霊を目撃しており、ここに得体のしれない何かがいるというのは確かだろう。

このラペラル・ホワイトハウスは放棄されることなく常に管理されてきた物件で、そのためこの場所の警備員たちの体験談も有名な話となっている。

ある日、家の管理人から依頼を受けた警備員は、家の横に植えてある植物の伐採を行った。だが、その直後に原因不明の病気に罹ってしまい、数日間は歩くことができなかったという。

また、別の警備員は、この家の警備中に妻からかかってきた電話に出たのだが、男性1人でいるにもかかわらず、受話器越しの妻にはずっと女性の話し声が聞こえていたという。

数々の心霊現象が噂されるラペラル・ホワイトハウスだが、2013年に改装されてギャラリーとしてオープンした。23年には再び改装され、現在はJoseph's Baguioという高級レストランとして営業している。

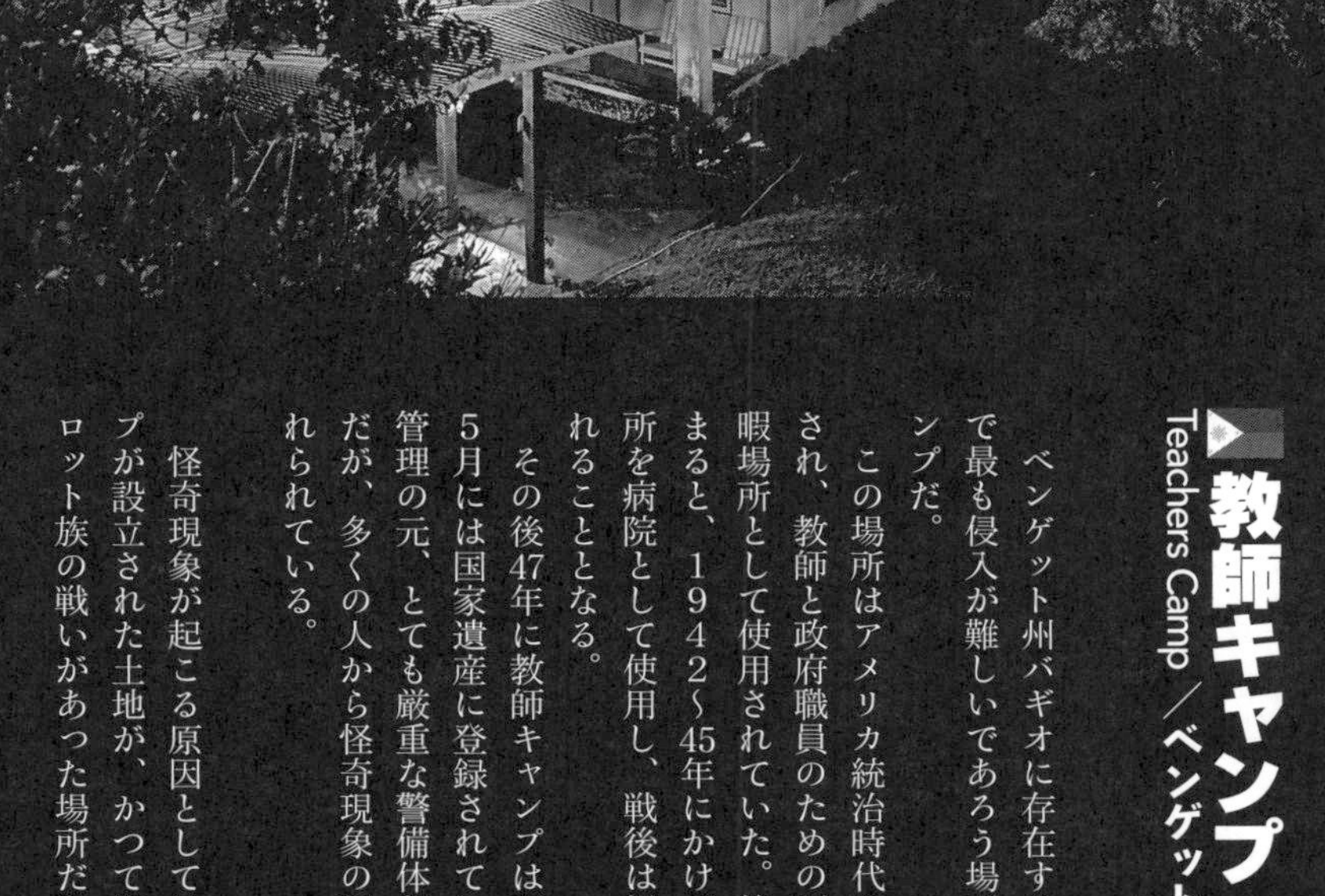

教師キャンプ
Teachers Camp／ベンゲット

ベンゲット州バギオに存在する心霊スポットの中で最も侵入が難しいであろう場所が、この教師キャンプだ。

この場所はアメリカ統治時代の1908年に設立され、教師と政府職員のための研修センター兼、休暇場所として使用されていた。第二次世界大戦が始まると、1942～45年にかけて旧日本軍がこの場所を病院として使用し、戦後は損傷したまま放置されることとなる。

その後47年に教師キャンプは再開し、2008年5月には国家遺産に登録されている。教育省直属の管理の元、とても厳重な警備体制が敷かれているのだが、多くの人から怪奇現象の起こる場所として恐れられている。

怪奇現象が起こる原因としては、元々教師キャンプが設立された土地が、かつて先住民族であるイゴロット族の戦いがあった場所だからという説と、旧

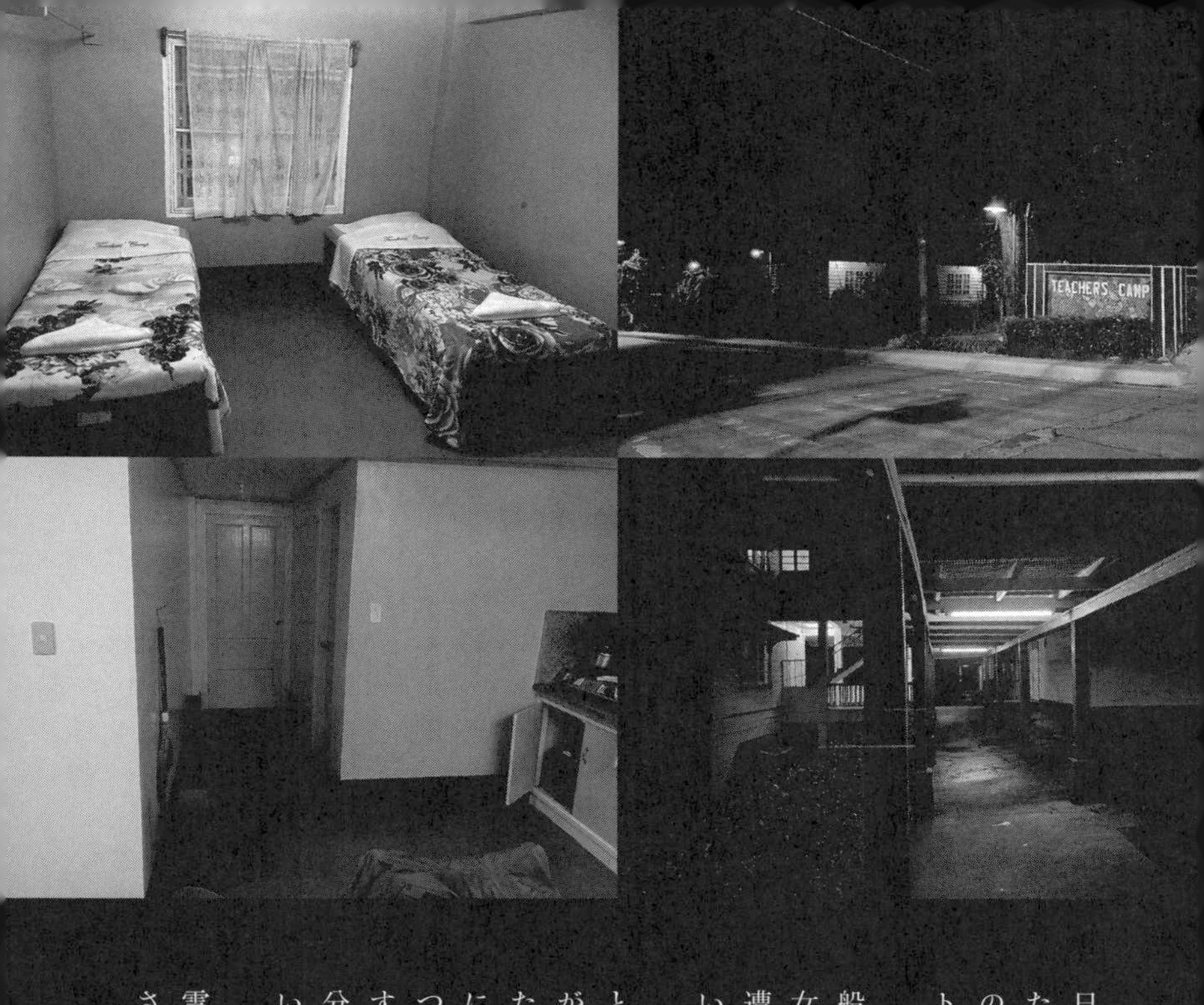

日本軍の病院として使用されていた時代に亡くなった者の魂が彷徨っているからだという説がある。そのため、旧日本軍の霊、イゴロット族の霊、ホワイトレディ、首のない司祭の霊などが目撃されている。

また、教師キャンプは部屋に空きがある場合は一般人も宿泊可能なのだが、多くの宿泊客が、夜中に女性の泣き声を聞いたり、ポルターガイスト現象に遭遇したり、憑りつかれたりと恐ろしい体験をしている。

筆者が2023年、とある心霊番組のロケで監督と2人で宿泊したときのことだ。早朝4時頃、監督が寝入りばなに部屋をノックする音で目を覚ました。「これは怪奇現象かもしれない」と考え、すぐにスマートフォンで録画を開始してそのまま眠りについた。そして翌朝、スマートフォンの映像を確認すると、コテージ内の監督のいる寝室のドアが約30分に渡り独りでに開閉を繰り返す様子が撮影されていた。

このときの映像は、DVD「北野誠のぼくらは心霊探偵団　ゴーストハンターに密着せよ!」に収録されている。

廃警察署
Abandoned Police Station ／カビテ

カビテ州のタガイタイにあるこの廃警察署は、幽霊屋敷として知られていて、筆者の友人であるフィリピン人ゴーストハンターReeveのYouTubeチャンネル「I Am Revery - Ghost Detective」で紹介されている。

「THE HAUNTING OF THE ABANDONED POLICE STATION」というタイトルの動画を見ると、廃墟内で霊の撮影を試みる彼らが、子供の幽霊の笑い声や足音（悪魔のような恐ろしい声で「イエス」と答える）、霊らしき声の撮影に成功していた。

その映像を見て、これはぜひとも訪れねばと思い、筆者がフィリピンで心霊ロケをするタイミングに合わせてReeveに頼んで地元警察に撮影許可を申請してもらった。

この場所は元々観光警察の施設なので、通常の警察署よりも建物は小さく、少し大きな交番といった造りだ。小さい建物ながらも建物の奥にはがっしりとした造りの牢屋があり、ここに罪を犯した人間が収容されることもあったのだろう。

この施設が現役の時から、警察官らが心霊現象に悩まされていたようで、特に仮眠をとる際に子供の霊にいたずらされて起こされることがよくあったという。

また、施設が放棄されてからも正面の透明ガラスの奥にホワイトレディを見る地元住民が後を絶たず、定期的にこの場所の見回りに来る警察官も中に入るのを嫌がっているということだ。

筆者と監督がロケを行った際には、廃警察署内部で監督が突然、「背中を誰かに触られた」と振り返るもそこには誰もおらず、ホテルに帰って服を脱ぐと〝誰かに触られた部分〟には摘まれたような赤い痕が残っていた。

Reeveのゴーストハンターチームが撮影をした際にも、女性メンバーが後ろから何者かに髪をサラリと撫でられ、振り返っても誰もいなかったという経験をしており、これらの現象は、かつて施設が現役だった頃から悪戯をし続けていた子供の霊の仕業だと思われる。

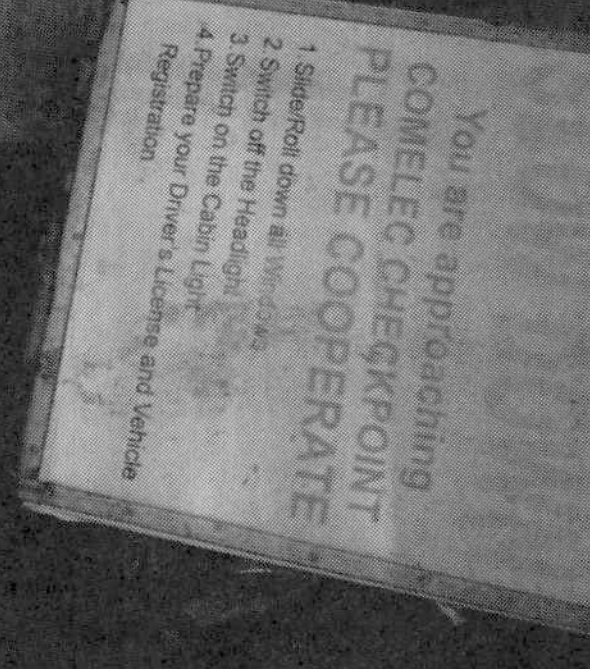
You are approaching
COMELEC CHECKPOINT
PLEASE COOPERATE
1.Slide/Roll down all Windows
2.Switch off the Headlight
3.Switch on the Cabin Light
4.Prepare your Driver's License and Vehicle Registration

★キムマー通り300番地
300 Kim ma／ハノイ

ベトナムの心霊スポットは数少ないが、その中でどこが一番怖いかという話になると、間違いなくこのキムマー通りの300番地の名が挙がるだろう。

地域住民によれば「真夜中に叫び声が聞こえる」「廊下を徘徊する幽霊が出る」「ポルターガイスト現象が起こる」などの噂があるが、噂話だけに留まらず、2009年には建物の裏口に停めた車内で、男性が喉を掻き切られて殺害されるという事件が起こっており、幽霊話はさらに加速することになった。また、肝試しに来た若者らが建物内で白い服を着た女の霊を目撃・撮影し、女性の霊が出る場所としても広く知られるようになった。

そんな様々な心霊話のある場所なのだが、元々この場所は1980年代にブルガリア大使館を作るため、ベトナム政府からブルガリア政府に譲渡された土地で、91年に大使館は完成。しかし、ブルガリアは建物を使用することがなかったため、30年以上もこの場所に放置され続けているのだ。

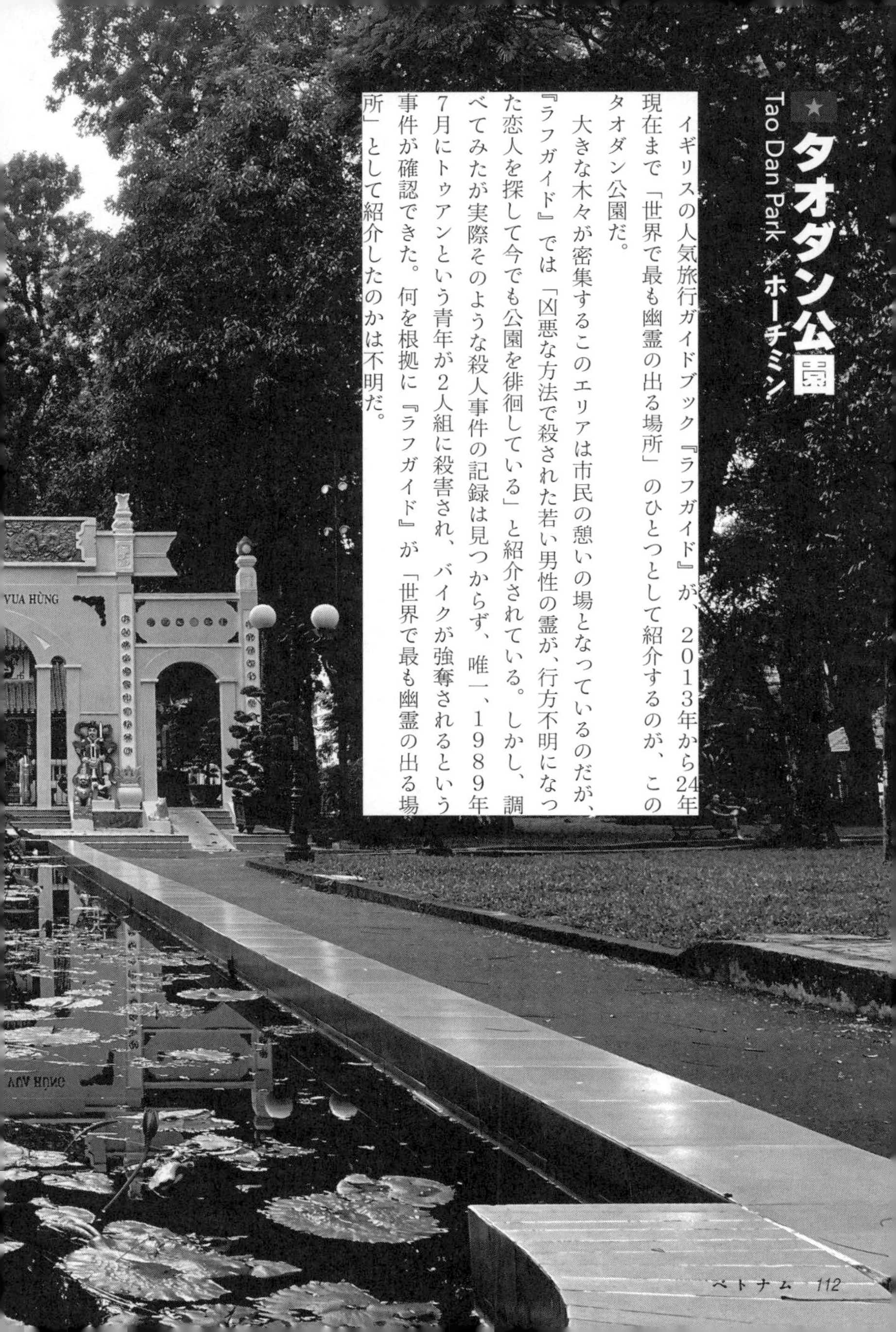

タオダン公園

Tao Dan Park／ホーチミン

イギリスの人気旅行ガイドブック『ラフガイド』が、2013年から24年現在まで「世界で最も幽霊の出る場所」のひとつとして紹介するのが、このタオダン公園だ。

大きな木々が密集するこのエリアは市民の憩いの場となっているのだが、『ラフガイド』では「凶悪な方法で殺された若い男性の霊が、行方不明になった恋人を探して今でも公園を徘徊している」と紹介されている。しかし、調べてみたが実際そのような殺人事件の記録は見つからず、唯一、1989年7月にトゥアンという青年が2人組に殺害され、バイクが強奪されるという事件が確認できた。何を根拠に『ラフガイド』が「世界で最も幽霊の出る場所」として紹介したのかは不明だ。

★ トゥアン・キエウ・プラザ
Thuan Kieu Plaza／ホーチミン

１９９８年、ホーチミンの傑出した発展のシンボルとして建設されたのが、このトゥアン・キエウ・プラザだ。３つの塔はそれぞれ33階建、６４８戸のアパートメントから成り、プール、ガレージ、様々な商業施設を備えた人気スポットになるはずだったが、地元住民から〝３本の線香〟と呼ばれ忌み嫌われる場所になってしまった。

有名な噂は「建物の投資家と建設労働者の間でトラブルがあり、労働者側が建物に呪いをかけた」というものだ。そのせいで入居した住民たちは睡眠障害に悩まされたり、タクシー運転手が、トゥアン・キエウ・プラザからの電話で現地へ行っても、そこには誰もいないということが何度もあったそうだ。

２００２年には、敷地内の広場でカップルが口論になり、男性がガールフレンドを射殺、その場で拳銃自殺を遂げるという痛ましい事件が起こっている。この事件をきっかけに幽霊出没の噂はますます広まり、入居者はもちろん商業施設の客足が遠のいて、廃墟となってしまった。

しかし２０１７年、長らく放置されていた外壁を塗り直し、ガーデンモールとしてリニューアルオープンを果たす。

全世界で猛威を振るったコロナウイルス感染症がベトナム内で大流行した際には、１、２階にあった商業施設をすべて立ち退かせ、ベッド１０００台を有する野戦病院と化した。

コロナウイルスの流行が落ち着いた後は、改めて１、２階の商業施設をオープンさせ、住居スペースの改修も行い、入居者を受け入れていく方針だという。しかし、今まで様々な都市伝説や怪談の現場となったことや、風水的に見て良くない建物という説もあり、入居者が集まるかどうか危ぶまれている状況である。

★ホアロー収容所
Hoa Lo Prison／ハノイ

明確に心霊スポットとして認識されているわけではないが、その残虐な歴史から非常に恐ろしい場所として、ある意味心霊スポット的な扱いをされることがあるのがこのホアロー収容所だ。

元々フランス植民地時代に、政治犯を収容するために使用され、拷問や処刑が行われていた。現在も実際に使用されていたギロチンが展示してあり、そのすぐ横には切断された生首の写真がある。他にも、足枷をつけられた捕虜の彫像や、牢に入れられた男性の彫像などが各所に展示してあり、施設内には生々しい雰囲気が漂っている。

1954年にフランスがハノイを去った後、収容所はベトナム民主共和国の管理下に置かれ、教育センターとして再出発を果たす。

しかし、ベトナム戦争が始まるとアメリカ人捕虜が連れて来られ、そのあまりにも劣悪な環境から、捕虜たちからは「ハノイ・ヒルトン」という皮肉を

込めた呼称で呼ばれることになった。捕虜たちは縄で縛られたり、殴打、アイロンを押しつけられるなどの拷問を受けたと言われている。

1968年に製作されたドキュメンタリー映画『Piloten im Pyjama』では、捕虜としてホアロー収容所に収容されていた10名のアメリカ人パイロットが登場し、その卑劣な拷問内容を生々しく語っている。

この収容所はアメリカ人捕虜釈放後も使用され続けていたが、90年代半ばに大部分が取り壊され、博物館へと改修された。

現在は、世界中から多くの観光客が訪れるハノイの観光名所となっているが、CNNは「ダークツーリズム：東南アジアの不気味な目的地5カ所」としてこの場所を紹介しており、Booking.comも「ハロウィンの時期に訪れるべき不気味な場所6選」に選出している。

ナイトツアーが毎週金・土曜日の午後7時からと8時30分に開催されているようなので、興味がある方はぜひ参加してみてほしい。

★ホーチミン市美術館

Ho Chi Minh City Museum ／ホーチミン

ホーチミン市美術館は、元々は中国系ベトナム人の富豪フイ・ボン・ホア家の別荘として、フランス人建築家・リベラが手がけた建物である。ベトナム国内で2番目に大きな美術館として知られているが、それと同時に、国内有数の心霊スポットとしても名を馳せている。

物語は複数あるのだが、共通しているのはホア家の娘に纏わるものということだ。当時ホア家には数人の息子たちがいたが、娘は1人だけだった。当主はたいそう娘を可愛がっていたのだが、ある時娘が結核にかかり、外出することができなくなった。そして、建物内に幽閉されることになったのだが、孤独と絶望感にさいなまれた彼女は自ら命を絶ってしまう。

それ以来、夜になると建物の中から女性のすすり泣く声が聞こえたり、彼女の姿を目撃したりといった情報が絶えない。

また別のストーリーでは、娘があるときハンセン病にかかり、当時の医学では治療を行うことができずに建物内に幽閉されることになったのだという。毎日、使用人が交代で扉の隙間から食べ物や飲み物、衣類を届けていたのだが、長いこと彼女の姿を正面から見ることは禁じられていた。

病によって変わり果てた姿になった彼女は、自分の境遇を恨んでひたすら泣き続け、精神的に追い詰められ亡くなった。それ以来、毎晩娘が幽閉されていた部屋からは恐ろしい叫び声が聞こえるようになったという。

さらに、この話には後日談がある。娘の遺体はそのまま室内の石棺に安置されていたのだが、一周忌になり使用人がドレスと食べ物を石棺の部屋に供え、次に回収に行った際には食べ物は半分無くなっており、ドレスは見当たらない。驚いた使用人が石棺内を隙間から覗くと、ドレスを着た娘が中に横たわっていたのだという。

１９８７年にこの場所は博物館となった。現在でも訪れた人々が娘の幽霊を見たり、泣き声を聞くことがあると言われている。

★リデコ市街地

Lideco Urban Area／ハノイ

この地は、2007～12年にかけて600戸を超える富裕層向けのフランス風ヴィラが建設され、高級住宅街となるはずだった。しかし、筆者がこの場所を訪れた2019年5月時点でも建物は完成しておらず、そこにはゴーストタウンが広がっていた。

ネット上では様々な噂が飛び交っているようだが、どうも不動産バブルの崩壊により建物の価値が急落し、建設がストップされたというのが有力な説のようだ。

現在では、赤茶色のレンガを使って建てられた土台だけのものと、すでに塗装が終わり真っ白に塗られてガラスまではめ込まれた建物が混在しており、それらの建造物が大きな人造湖を取り囲み、規則正しく整列している。

ただ、この場所は放棄されたわけではなく、常に植え込みは手入れがされていて、未だに工事が続いている地域もあるので、いつかは完成して住人が入居する日が来るのかもしれない。

レ・ティ・リエン公園

Le Thi Rieng Park／ホーチミン

ホーチミン市民の憩いの場として多くの人が訪れるレ・ティ・リエン公園。現在はたくさんの街灯やネオンに照らされて、夜間でもとても煌びやかな公園なのだが、その歴史に目を向けると薄っすらと影が見えてくる。

ベトナム共和国時代（1955〜75年）、この地域は〝チアホ墓地〟と呼ばれ、1968年1月30日の夜から始まったテト攻勢で多くの命が失われた後、当時の政府はこの場所に穴を掘り、数千体にも及ぶ大量の死体を埋葬したと言われている。

その後、幽霊が出るという噂が広まったため、ホーチミン・ロンホア仏教協会が寺院を建立し、地蔵菩薩像を安置した。しかし、83年に政府は都市計画の一環としてこの地を開墾し、大型の公園を建設。地蔵菩薩像は、ビエンホア市の観音寺に移された。

現在は墓地だった頃の面影はないが、今でもブランコに座る子供の霊や、行進する兵隊の霊など、ありとあらゆる霊が公園内で目撃されているという。

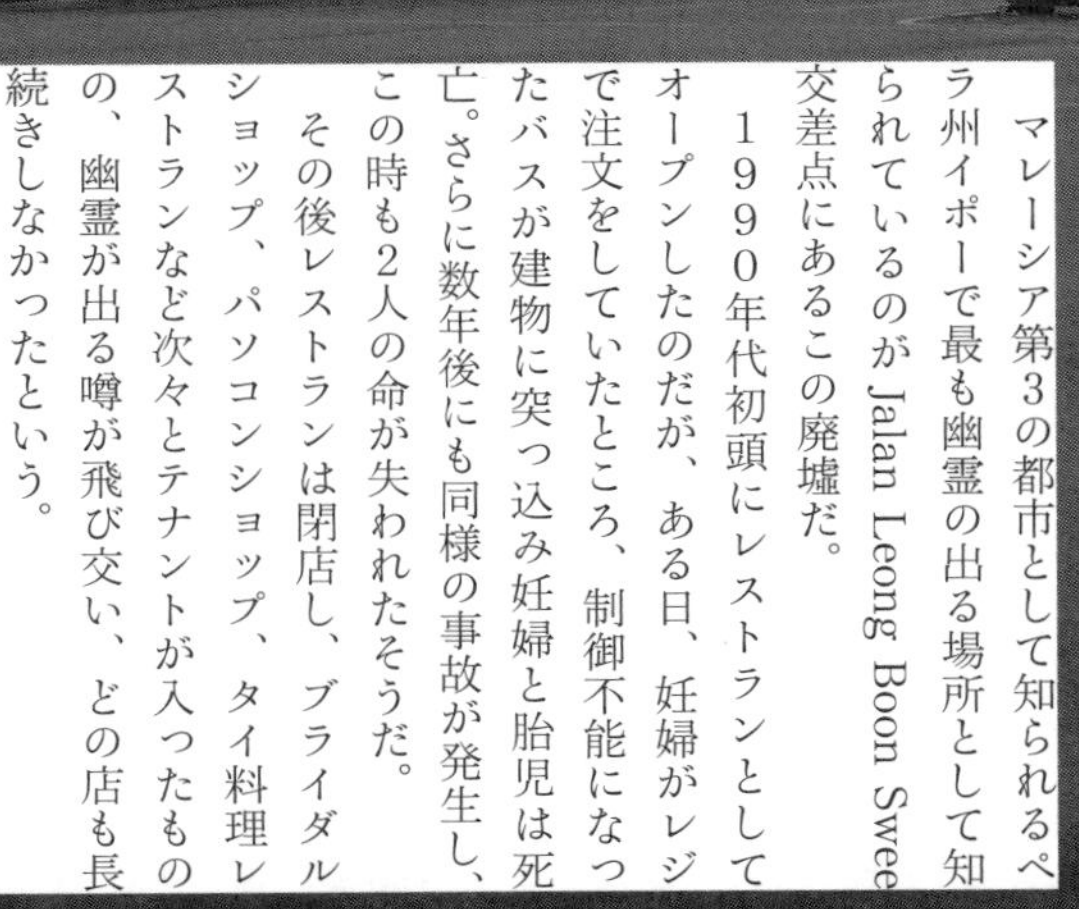

ウィスマ・アンバン・モチーフ
Wisma Ambang Motif／ペラ

マレーシア第3の都市として知られるペラ州イポーで最も幽霊の出る場所として知られているのがJalan Leong Boon Swee交差点にあるこの廃墟だ。

1990年代初頭にレストランとしてオープンしたのだが、ある日、妊婦がレジで注文をしていたところ、制御不能になったバスが建物に突っ込み妊婦と胎児は死亡。さらに数年後にも同様の事故が発生し、この時も2人の命が失われたそうだ。

その後レストランは閉店し、ブライダルショップ、パソコンショップ、タイ料理レストランなど次々とテナントが入ったものの、幽霊が出る噂が飛び交い、どの店も長続きしなかったという。

この幽霊の噂に共通して出てくるのが〝紫の服を着た貴婦人〟だ。彼女はバスの衝突事故で亡くなった妊婦の霊で、強い怨

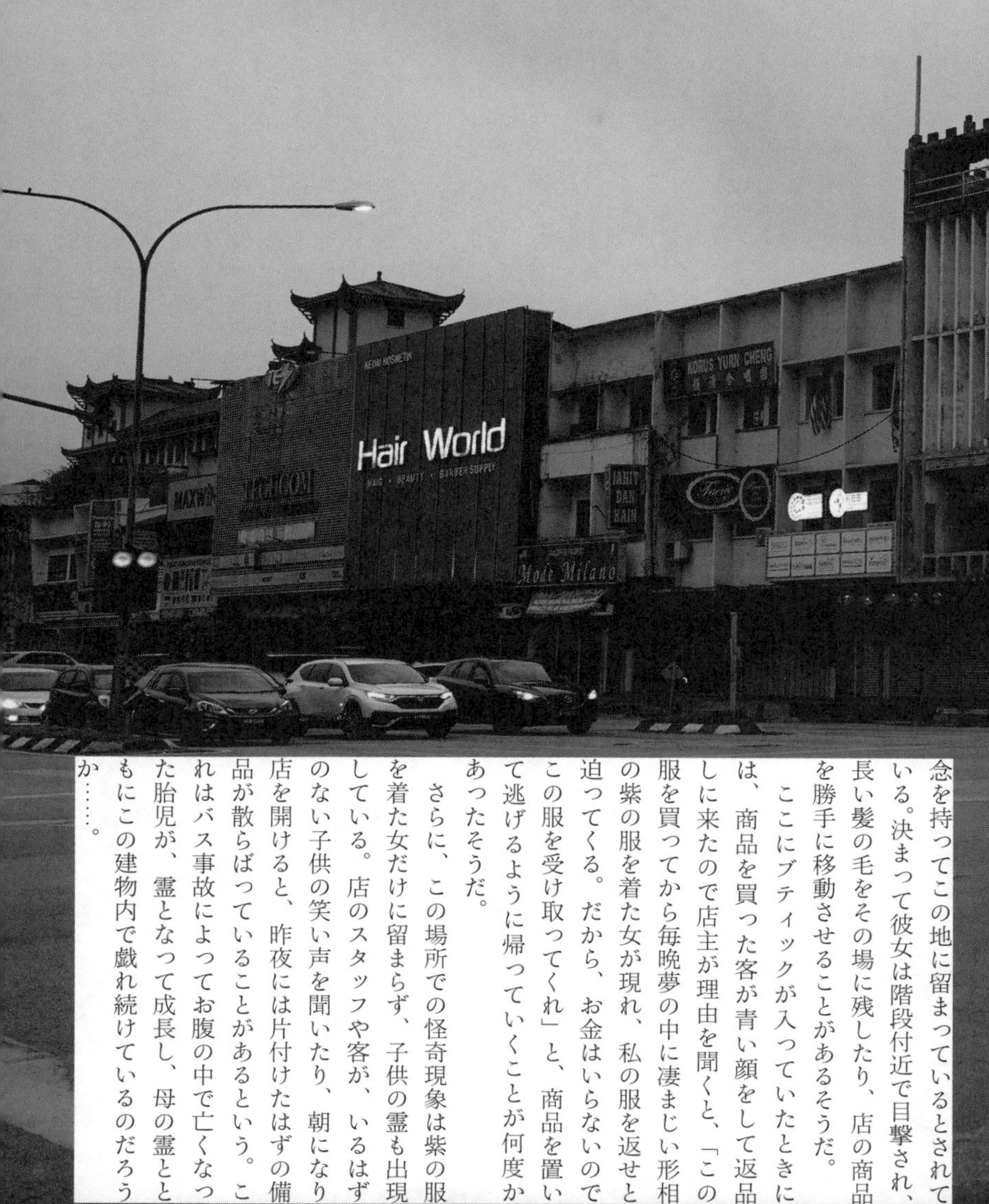

念を持ってこの地に留まっているとされている。決まって彼女は階段付近で目撃され、長い髪の毛をその場に残したり、店の商品を勝手に移動させることがあるそうだ。

ここにブティックが入っていたときには、商品を買った客が青い顔をして返品しに来たので店主が理由を聞くと、「この服を買ってから毎晩夢の中に凄まじい形相の紫の服を着た女が現れ、私の服を返せと迫ってくる。だから、お金はいらないのでこの服を受け取ってくれ」と、商品を置いて逃げるように帰っていくことが何度かあったそうだ。

さらに、この場所での怪奇現象は紫の服を着た女だけに留まらず、子供の霊も出現している。店のスタッフや客が、いるはずのない子供の笑い声を聞いたり、朝になり店を開けると、昨夜には片付けたはずの備品が散らばっていることがあるという。これはバス事故によってお腹の中で亡くなった胎児が、霊となって成長し、母の霊とともにこの建物内で戯れ続けているのだろうか……。

ケリーズ・キャッスル

Kellie's Castle／ペラ

ケリーズ・キャッスルは東南アジアでは珍しい幽霊話のある城で、スコットランド人の富豪ウィリアム・ケリー・スミスによって建てられた。

ケリーが生まれ育ったのはスコットランドなのだが、１８９０年、20歳のときに測量の仕事のためにマレーシアに飛び、その仕事で得た資金を使ってゴム農園を開いた。

ゴム農園で財産を築いたケリーは、母親の健康状態が良くないために一旦スコットランドに帰り、そこで妻となるアグネスと出会って結婚する。そして、１９０３年に夫婦でマレーシアに再び移住。翌年には２人の間に娘が生まれ、次に息子にも恵まれた。

１９１５年、ケリーは愛する妻と子供たちのために城の建築を開始し、インドから70人の職人を連れてきた。彼は当時インド文化に魅せられており、職人以外にもレンガや大理石などの建材もインドから輸入したものだと言われている。そして、建設は進

んでいったのだが、18年にスペイン風邪が労働者たちを襲う。その際ケリーは病を鎮めるため、近くにヒンズー教寺院を建てている。

その後、建築は順調に進むかのように思われたのだが、26年、ケリーはリスボンに戻った際に肺炎を患い、56歳で死亡。妻と子供たちは城を売却してスコットランドに帰ってしまい、城は未完のままとなってしまった。

それからは放棄された城で様々な噂が囁かれるようになり、第二次世界大戦時に旧日本軍の拷問、処刑場所として使われた、まだ発見されていないトンネルや隠し部屋がある、リスボンで埋葬されたはずのケリーが未だに城内を彷徨っているなどと言われている。

現在は人気の観光地として毎日数百人にも及ぶ観光客が世界中から訪れており、『アンナと王様』などの映画のロケ地としても知られているケリーズ・キャッスルだが、志半ばで倒れたケリーの魂は未だにこの城を彷徨っているのだろうか。

セント・マイケルズ・インスティテューション

St. Michael's Institution／ペラ

ペラ州イポーにあるこの学校は1912年に設立され、100年を超える歴史の中で、学業、スポーツともに優秀な成績を収め、政治や財界の大物を多数輩出した超名門校だ。

しかし、その輝かしい成績だけでなく、怪談のメッカとしても広く知られている。

かつて第二次世界大戦時に旧日本軍が駐屯地として使用し、建物内に多くの隠しトンネルを掘り、地下室で陰惨な拷問と処刑を繰り返していたという噂がある。現在はこれらのトンネルは封鎖されているが、拷問で命を落とした人々の魂が、未だにこの建物を彷徨っているのだという。

また、4階にある礼拝堂では、早朝に黒いローブを着た兄弟が数珠を持って座っているのが、複数人に目撃されている。

パパン町
Pekan Papan／ペラ

そのあまりの寂れ具合から〝ゴーストタウン〟と呼ばれるパパン町。

この町は1800年代後半から錫鉱山の町として栄え、ペラ州で最も裕福な町だった。当時は世界中から多くの民族が集まり、町には学校、郵便局、薬局、サッカー場、市場、テニスコートから、独自の刑務所や売春宿まであったと言われている。

その後、第二次世界大戦に突入すると旧日本軍に対する抗日運動が活発になり、パパン町は抗日ゲリラシンパの隠れ蓑となった。その中でも有名なのはシビル・カティガスという女性で、彼女はゲリラの治療や、旧日本軍のラジオを傍受して情報をゲリラに流していたのだが、1943年に憲兵に逮捕されることになる。そして、厳しい尋問と拷問を受け、終戦後の45年にイギリスによって釈放されたが、刑務所で受けた傷が原因で半年後に死亡している。彼女がゲリラへの支援を行っていた建物は今でも町に残っている。

戦後はゲリラの攻撃目標は植民地政府へと変わり、ようやくゲリラ活動が終息したかと思えば、その20年後には町の近くに放射性廃棄物処分場を建てる計画が持ち上がり、それに対する抗議活動が続くことになる。

そんな様々な歴史があるパパン町なのだが、もちろんこれだけの歴史があれば「幽霊が出る」と評判の建物もあり、それがスマトラ島出身の貴族ラジャ・ビラーが１８９６年に建てた「Istana Raja Billah」だ。２０１１年にはこの邸宅で起こった超常現象を描いた映画『Penunggu Istana』が公開されており、この邸宅が心霊スポットであるという話が一気に広まった。

そして、同じくラジャ・ビラーが１８８８年に邸宅の近くに建てた高床式モスク「Masjid Lama Papan」はペラ州で最も古いモスクとして知られており、歴史的な住宅が多いパパンの中でもひときわ目立つ存在となっている。

パパン町には今でも高齢の中華系住民が住んでおり、完全な廃村ではないのだが、その独特の雰囲気は来るものを惹きつける魅力に溢れている。

ブキット・トゥンク

Bukit Tunku／クアラルンプール

クアラルンプールの高級住宅地であるブキット・トゥンク。豪華なバンガローやコンドミニアムが建ち並び、〝マレーシアのビバリーヒルズ〟という愛称で親しまれているのだが、それと同時にクアラルンプール一の幽霊出没地帯としても知られている。

2017年には、道路の真ん中に座り込む幽霊に若者2人乗りの車が遭遇。その姿はドライブレコーダにはっきりと捉えられ、瞬く間に動画が拡散され、日本の心霊好きの間でも話題となった。

そもそもこの地域は、様々な幽霊が出る場所として地元民から恐れられていたという。夜間レースをして事故死したライダーの霊や、東南アジアで広く知られている妖怪であるポンティアナックなどが出没すると言われている。そして、最も恐れられているのはブキット・トゥンク随一の幽霊屋敷を徘徊する、自殺した女性の霊だろう。

筆者はブキット・トゥンクに向かうとタクシーをチャーターし、まずは座り込み幽霊の出没現場へと向かった。もちろん、現場に到着したからといって、そこに幽霊が座っているわけはなく、あまりにも洗練された高級住宅地であることに、少々拍子抜けしたのを覚えている。

気を取り直して幽霊屋敷の捜索を行うも、怪しげな廃墟はいくつか見つかるのだが、肝心な最も幽霊が出るとされる屋敷は見つからない。とある廃墟の探索が終わったところで建物を出ると、外で待っていたタクシードライバーが巡回中の警備員から尋問されているところだった。

急いで駆け寄り、「私は日本から来たゴーストハンターで、幽霊屋敷を探しています」と説明するとあっさり解放された。ついでに幽霊屋敷の場所も聞いてみたのだが、警備員も知らないようだった。その後も廃墟を探索して回ったが、結局目的の廃墟にはたどり着けなかった。

ミマランド
Mimaland／セランゴール

クアラルンプールから25キロほど離れた山の中に、かつてマレーシア初のテーマパークとして栄えたミマランド跡地がある。

ミマランドは1975年にオープンし、120ヘクタールの広大な敷地には当時東南アジア最大と言われるプールの他、アスレチック、スポーツセンター、カーニバルエリア、モーテル、レストランなど様々な施設を備えていた。

80年代には複数の映画のロケ地としても使用され、その後も躍進が続くかと思われていたが、90年代に入ると負の連鎖に見舞われてしまう。

93年、観光客がプールで死亡する事故が発生し、施設は一時的に閉鎖。事故現場は改修され営業は再開されるも、翌年にはプール付近で土砂崩れが発生してしまう。目玉アトラクションの閉鎖をきっかけに営業が困難に陥り、94年に惜しまれつつも約20年の歴史を閉じることとなった。

その後、施設内には事故で亡くなった観光客の霊や、白い服を着た女の霊、さらにマレーシア、ブルネイ、インドネシアに伝わる妖怪的な存在であるオラン・ブニアンが出没すると噂され、超常的な存在を探し求めて多くの心霊探検家や、都市探検家たちがこの地を訪れるようになる。

そして、それらの都市伝説にインスピレーションを受けて、2020年には『Mimaland』というホラー映画が製作され、実際にロケも行われた。映画公開後には侵入者が後を絶たず、番犬を連れた警備員が巡回するようになったようだ。

筆者がミマランドを訪れたのは映画公開前の19年で、1時間ほど施設内を撮影して回ったのだが、常にどこからか銃声が鳴り響き、妙な緊張感が漂っていた。施設はジャングルに覆われており、3割ほどしか探索することはできなかった。

VAMOS!!

アンコールワット
Angkor Wat／シェムリアップ

カンボジアで圧倒的人気を誇る観光地であり、ユネスコ世界遺産に登録されているアンコールワット。カンボジアに行ったことがない方も、名前くらいは知っているであろう超有名スポットなのだが、実は心霊スポットとしての一面も持っている。

元々、アンコールワットは12世紀前半に30年を超える年月をかけてヒンドゥー教の寺院として建立されたのだが、16世紀には仏教寺院へと改修されることになる。

西欧でこの寺院の存在が知られるようになったのは、1860年にフランス人冒険家であるアンリ・ムーオが地元民の案内によりアンコールワットを訪れ、紀行文を発表したことがきっかけだと言われている。しかし、ムーオはアンコールワットを訪れた翌年に死亡しており、これはアンコールワットの呪いではないかとする説もある。

1979年、ポル・ポト率いるクメール・ルージュ

が政権を追われると、彼らは要塞のような造りをしているアンコールワットを拠点にして、抗戦を続けた。この内戦によって、この歴史的な遺産に多くの傷跡を残してしまった。その修復作業は現在も行われている。

凄惨な歴史から心霊スポットとされるアンコールワットだが、元々この寺院には古い魂や古代クメール戦士の霊が住み着いていると言われている。そして、クメール人の一部の人たちの間では、強力な霊のいる場所だとされている。アンコールワットで「良くないこと」や、「死について」話すと、それが現実のものとなってしまうので、絶対に口に出してはいけないという言い伝えもあるようだ。

これまで一般的にアンコールワットは12世紀の建立と考えられていたが、近年になって放射性炭素年代測定により紀元前5000年（約7000年前）に造られたという結果が出たようだ。新石器時代にこの寺院を建立するのは非常に難しいため、地球に降り立った地球外生命体によってアンコールワットが作られたのではないか、という都市伝説も囁かれている。

トゥール・スレン虐殺博物館
Tuol Sleng Genocide Museum／プノンペン

プノンペン中心部にあるこの建物は、元々は高校の校舎として使用されていたものだった。しかし、1976年4月からクメール・ルージュが反革命分子を尋問するための保安刑務所として使用し、通称″S21″と呼ばれるようになった。これは施設の存在そのものが隠され、公式名称が無いためだ。かつては青年たちの学びの場であった教室は、独房や拷問室に変えられた。

ここでの拷問は残虐を極めており、囚人が拷問の苦しみから抜け出すために飛び降り自殺をする事例があったことから、建物周りはすべて電気を流した有刺鉄線で封鎖され、自ら死を選ぶ事さえできなくされていた。

79年1月、ベトナム軍によってプノンペンが解放された際にS21は発見されたのだが、すでにクメール・ルージュは逃亡した後で、拷問部屋には鎖につながれたままの殺害されたばかりの14体の遺体が残されており、施設全体には数十体の遺体が放置され

たままだった。

博物館となった現在、発見された際に撮られた鎖に繋がれたまま殺害された凄惨な現場写真が、当時の拷問部屋に展示されている。

S21がクメール・ルージュによって使用されていた2年9カ月の間に、この場所に1万7000人ほどが収容されたと考えられているが、生きて出ることができたのは僅か8名のみだった。

ここは惨殺現場が発見されてから1年も経たない79年のうちに改修し、博物館となっている。悍ましい拷問器具の数々や独房、そして、元受刑者が当時の様子を描いた絵画や処刑された人々の遺骨が展示されており、訪れた者たちに心を抉るような感覚を与えている。

来場者はヘッドフォンを着用して、音声ガイド（日本語あり）を聞きながら施設を巡ることができるのだが、その淡々とした語り口で語られるクメール・ルージュの残虐行為の数々は、どれも信じがたいものであった。

現在でも年に2回、僧侶による供養が行われているというが、夜になると鎖の軋む音や呻き声が聞こえてくると言われている。

チュンエク虐殺センター
Choeung Ek Genocidal Center／プノンペン

プノンペン中心地から車で30分ほどに位置するチュンエク虐殺センターは、カンボジア国内に300カ所以上あると言われているキリングフィールドの中で、最も大規模なものだ。

クメール・ルージュ政権は、1975〜79年にかけて100万人以上の人々を処刑したとされており、この場所では1万7000人ほどが処刑されたと言われている。その多くはS21（トゥール・スレン）で拷問を受けた後、この地で処刑されたそうだ。

現在では一見穏やかな公園のようにも見える施設だが、当時は大量の遺体が埋められていたことで酷い悪臭が発生し、DDTという農薬を撒いても効果はなく、遺体から発生するガスによって地面が盛り上がっていたという。

いくつもある掘っ立て小屋のようなものは大量の遺体が埋まっていた場所で、30平方メートルほどの敷地に数百もの遺体が埋められていた。

人々の処刑に銃は使われずに、農機具や木の棒での殴打、サトウヤシという硬くギザギザした木で喉を掻き切る（本来は鶏を殺す方法）など、残虐で原始的な方法がとられ、断末魔の叫びを施設の外に漏らさないように、革命歌が大音量で流されていたという。

そして、この施設の中でも特に訪れる者の心に深い影を落とすのが〝キリングツリー〟と呼ばれる大木だ。ある農民がこの木の幹に髪や脳みそのようなものが散乱していることを発見し、付近を掘ってみたところ、大量の赤子や母親の遺体が発見されたという。

つまり、赤子の足を持って強く木に頭を叩きつけて処刑していたのだ。現在この木には、慰霊のために多くのミサンガが供えられている。

このチュンエク虐殺センターの敷地中央には、大きなアクリルガラス張りの仏塔が聳え立っており、内部には５０００を超える頭蓋骨が収められている。内部は17階建てとなっており、性別や、殺害された凶器などによって区分され、凶器も一緒に展示されている。

ボーコー・パレス・ホテル

Le Bokor Palace Hotel／カンポット

カンボジアの心霊スポットは他の国々に比べると圧倒的に少なく、情報収集も困難であった。しかし、首都プノンペンから約150キロの位置にあるカンポット内ボーコー国立公園は多くの廃墟が密集し、歴史的背景から見ても、この付近一帯を心霊スポットと呼んで問題ないだろう。

この場所は1920年代のフランス植民地時代に拓かれた場所で、熱帯気候であるカンボジアにおいて、高山地帯であるボーコー山付近は年間を通して涼しく過ごしやすい気候となっている。

当時、カンボジアを占領していたフランスはこの場所をリゾートタウンとして開発、周辺一体は〝ボーコーヒル・ステーション〟と呼ばれることになる。このリゾートの建設は劣悪な環境で行われ、9カ月間に及ぶ工事期間中の死者は、約900人に及ぶと言われている。

そして、このリゾートの中心となったのが25年に完成したボーコー・パレス・ホテルで、当時は国内一豪華なホテルだった。しかし、40年代にはクメール人が反乱を起こしたことによりリゾートは放棄されたのだが、50～60年代にかけては上流階級のクメール人の避暑地として人気を集めることになる。だが、70年代にはクメール・ルージュによってボーコー山一帯は占領され、すべての建物の機能は停止し、拷問や処刑地として使用されることになった。その後、クメール・ルージュ政権が倒れた後、再びこの場所は廃墟となってしまう。

それからは世界中の廃墟好きがこの地を訪れ、山頂の荒廃した町の探検を楽しんでいたのだが、近年、ボーコーヒル・ステーションに再開発計画が進んでいる。そして、このボーコー・パレス・ホテルも改修工事後に営業を再開しており、現在では1泊6万円ほどで宿泊できる高級ホテルとして世界中の富裕層を受け入れている。

ボーコー山教会
Church of Mount Bokor／カンポット

ボーコーヒル・ステーションの中で、パレス・ホテルに次ぐ心霊スポットとして知られるこの教会は、1920年代に建てられたカンボジアで2番目に古いローマカトリック教会で、クメール・ルージュ政権下を無傷で生き延びた数少ない教会でもある。

今でこそボーコー山は道が整備されているものの、20年代は道路状態が悪く、完成までに10年もの時間を費やしたと言われている。

クメール・ルージュ政権下、この教会はクメール・ルージュの最後の砦として使用されていたのだが、フランス軍がボーコーを占領した際にこの建物は解放されることになる。争いの傷跡は今でも建物に残っており、壁には多くの銃痕が見て取れる。

それからしばらくの間は放棄され、管理する人間もいなかったようだが、近年ではクメール人の数少ないカトリック教徒にとって重要な巡礼場所となっている他、観光地としての人気も高まっており、現役の教会として復活を遂げている。

ボーコー山警察署
Police station of Mount Bokor／カンポット

ボーコーヒル・ステーションの廃墟群で、ほとんど情報が出ないのが、このボーコー山警察署だ。筆者はカンポット市街地でバイクをレンタルし、40分ほど走って、複数の廃墟の探索を行っているうちにこの廃墟を見つけることができた。

年代を感じさせるこの建物は、窓がレンガで封鎖され異様な雰囲気が漂っていたのだが、近づいてみると、入り口上部に「commissariat de police」と書いてあるのが見えた。これはフランス語で〝警察署〟という意味で、100年近く前、この地がフランス人向けのリゾートとして開発された際の警察署ということになる。

内部には、焚き火跡、マットレス、衣類、ゴミが散乱しており、近年では誰かの住居、もしくは、バイクでやって来たカンボジア人が勝手に宿泊するのに使用していたようだ。

警察署ということは牢もあるのだろうが、壁はレンガで塞がれ、牢に辿り着くことはできなかった。

One LOVE

エンシエント・キング・リトリート

Ancient King Retreat／カンポット

ボーコーヒル・ステーションの最奥に位置するこの廃屋。エンシェント・キング・リトリートは〝古い王の静養所〟という意味である。この場所はもうひとつ「damnak preah bath monivong」という名を持つ。damnak はクメール語で〝住居〟、preah bath monivong は、1927〜41年まで在位したカンボジア国王シソワス・モニボンの名前で、〝モニボンの住居〟という意味になる。

1925年頃に建てられたこの邸宅は、現在は基礎を残して朽ちてはいるものの、眺めの良い丘の上に位置し、ボーコー山のジャングルを一望することができる。クメール・ルージュが撤退してから、廃墟好きたちの格好の探検場所となり、そのため建物内には大量の落書きが残されている。廃墟が落書きまみれになってしまうのは世界共通だが、ここの落書きは仏や謎の中年男性など、カンボジア色の強いものが多く、それら落書きに混ざって点々と銃痕が残っているのが、妙な味わい深さを醸し出している。

アジャン・スアン像公園
Ajahn Xuan Statue Park／チャチューンサオ

鬱蒼と木々が生い茂る中に、242体もの人骨を埋め込んだと言われる像があり、現在ではギャンブラーの聖地となっているのがこのスポットだ。像を作成したのは僧アジャン・スアン師で、金運を高める儀式に使うために作られた。当時は映画スターから女優、政治家、政府関係者までもがこの地に出向いて儀式を行っていたとされるのだが、1993年にスアン師が亡くなってから後継者はおらず、放棄されることになった。

それ以後、タイ、中国、インドなどの様々な宗教や歴史上の人物、文学に着想を得て造られた像たちは、夜になるとカタカタと動き出すなど超常現象が起こると言われ、人々は恐れるようになった。

しかし、タイのテレビ番組がこの場所を取り上げてからというもの、一気に知名度は上がり、現在ではタイ人の間で宝くじに当選するための人気のラッキースポットとして、多くの人々がこの地を参拝に訪れるようになっている。

エアポート・カフェクラブ
The Airport Cafe-Club／サムットプラカーン

スワンナプーム国際空港の真横に位置するこの廃墟は、約20年ほど前に閉鎖されたナイトクラブ跡だ。現在は市が所有しているそうだが、詳しい情報はほとんど出てこない。

すぐ近くに近所の住宅街を警備するガードマンの詰所があり、話を聞いてみると、特に見回りはないので入っても大丈夫だろうということだったが、2階は崩れる可能性があるので上らないほうがいいと忠告してくれた。

特徴的なピンクのネオン看板を見上げ内部へと入る。1階は広いスペースで、ステージやバーがある。2階へと続く螺旋階段はまだ崩壊はしておらず、大丈夫だと判断して上がると、意外にも2階は燃えた跡こそあるものの、床はしっかりとした状態で残っていた。2階にもバーがあり、いくつかの暗い小さな部屋があるのだが、これらは1階で買った女性を連れ込む部屋だったのだろうか。

クルー・ガーイゲーウ像
Kru Kai Kaew／バンコク

２０２３年８月、バンコクのザ・バザールホテル前の交差点沿いに設置されたこの像は、物議を醸していた。牙と長い爪に真っ赤な目。そして背中に羽を生やしたその姿は、西洋のガーゴイルや吸血鬼のようなモンスターそのもので、一部の人々からは魔人と称されたという。反対に「この像は繁栄と幸運をもたらす神だ」と崇める者もいるが、ＳＮＳ上に像へ捧げるための生贄として小動物を購入していることを投稿したために、社会的に強い反発を受けることになった。

クルー・ガーイゲーウには様々な逸話があり、「古代クメール王の教師の１人で、魔術にすぐれた人物」「１０００年以上前に苦行を極めて仙人として崇められ、魔術を学ぶためのガーイゲーウ学校を作った」などと言い伝えられている。ただし、反対意見として、ただのヨーロッパのガーゴイルの模造品であり、魔術とは何の関係もないという説もあるので、この像に関する見解はタイ人の間でも分かれている。

スペイン惨殺の館
Spanish House of Murder／バンコク

この場所はいわゆる跡地系心霊スポットのひとつで、元々は豪華なヨーロッパ建築の建物が建っていたという。その家には裕福な外国人一家が住んでいたのだが、ある時、娘を残し外出することになった。しかし、両親が外出した隙に、以前からこの家に目をつけていた強盗団に押し入られ、娘は惨殺されてしまう。その後、娘の浮かばれない魂は現世を彷徨い、誰もいない家の中を歩く娘の姿や、助けを求める声が度々確認されるようになった。

家が取り壊された後も近所の人々はこの場所に供養のお供えを続けており、外壁にはシマウマや人形の頭、祭壇が置かれている。

筆者がこの場所を訪れたのは2018年で、当時はまだ外壁の供え物は残っていた。しかし、24年現在、グーグルマップ上で確認するとそれらはすべて無くなっていたので、今となってはスペイン惨殺の館の〝跡地〟すら無くなってしまっているのかもしれない。

サトーン・ユニーク・タワー
Sathorn Unique Tower／バンコク

東南アジアで最も有名な廃墟であるといっても過言ではない、タイの首都バンコクにあるサトーン・ユニーク・タワー。

地下鉄Saphan Taksin駅を降りるとすぐに目に入るこの巨大なタワーは、1990年に建設が開始された高層集合住宅なのだが、93年にオーナーが暗殺未遂事件で逮捕されたことにより資金難に見舞われた。さらに追い打ちをかけるように97年のアジア通貨危機によって完全に建設は中止されることになった。

49階建て、高さ185メートルにも及ぶサトーン・ユニーク・タワーは、放棄されてからというもの世界中の都市探検家が訪れるようになり、入り口にバリケードを設置したり、警備員を配置するなどの対策は取られたものの、警備員に賄賂を渡して侵入する者が後を絶たなかった。

内部の写真や動画は世界中に拡散され、次から次

へと探検者がやって来ていたのだが、2014年に43階でスウェーデン人の男性が首吊り自殺をしているところを発見され、心霊スポットとしても注目されるようになった。

また、この建物は元々墓地だった場所に建てたために幽霊が出るという話や、隣接する寺であるワット・ヤン・ナワに影を落としているために呪われているのではないかという説もある。

現在は元オーナーの息子であるパンシット・トルスワン氏が所有者なのだが、度重なる不法侵入に悩まされて幾度も警備員の交代を行っており、現在では賄賂も効果がないという話だ。また、1階の金網の破れた部分から入ることができるとの情報もあるが、1階フロアはすでに重度の麻薬中毒者たちによって占拠されているという話もあるので、むやみに近寄らないのが賢明だろう。

筆者は18年と23年にここを訪れているのだが、どちらとも内部の撮影を行うことはできなかった。二度の訪問で建物の外壁にある巨大看板が変わっているのを確認した。この看板だけは定期的に広告主が変わっているようだ。

ソイ・サーイ・ユットのバス墓地
Bus Cemetery at Soi Sai Yood／バンコク

この場所はいわゆる廃車置き場であり、交通事故死率が世界第2位であるタイで、重大事故を起こした多くの車が打ち捨てられている。

「バス墓地には、事故によって死亡した者たちの魂が彷徨っている」と言われており、多くの怪奇現象の目撃談がある。夜になるとバス墓地の中の車のヘッドライトが光るという話や、敷地内を幽霊が徘徊しているという話もある。

また、夜にこの場所まで呼び出されたタクシードライバーが客を乗せたものの、しばらく走っていると後部座席に座っていたはずの乗客の姿が消えていたという報告もあるようで、タイにおけるタクシー怪談の現場でもあるのだ。

現在は管理されている土地なので、許可なく勝手に中に入ることは難しいが、敷地の外からでも充分大破した車両を見ることができる。中には明らかに銃痕としか思えない傷のあるバスもあり、昼間でも気味の悪さを感じる場所である。

จีเทคโปรดัก

チェンマイ廃スケート場

The Abandoned Space Roller Rink in Chiang Mai／チェンマイ

1990年代のアジア通貨危機によって廃業したと言われるこの建物は、正式名称は「Space Roller Extreme Sport & Techno Games」なのだが、ネット上では「The Abandoned Space Roller Rink in Chiang Mai」と表記されることが多い。

建物は崩落が進んでおり、ホームレスが住んでいるであろう形跡が多く残されているのだが、筆者が内部を探索している最中にはこの建物の住人と会うことはなかった。内部には彼らが出したであろう大量のゴミが足の踏み場もないほどに散乱しており、壁は落書きで覆いつくされている。

2024年現在もここはホテル「アーケードイン」の正面に現存しており、アクセスが容易くバリケードもないため、海外の都市探検家たちにとって入門的な廃墟となっている。廃墟に興味のある観光客が外観から写真撮影を楽しむ程度は良いかと思うが、内部への潜入は様々なトラブルの元になるので、お勧めできない。

トライカンマ墓地
Traikhamma Cemetery／チョンブリー

筆者が2018年に訪れた、チョンブリーのトライカンマ墓地。当時から幽霊が出現する場所として有名なスポットだったのだが、本書を執筆するにあたり近況を調べていると、この墓地が大変なことになっていることがわかった。

22年5月14日、2人の女性が夕方から墓地を訪れ、身寄りのない幽霊たちのために大量のパパイヤサラダや軽食を作っていた。タイには「タンブン」という言葉があり、これは日本語でいうと〝徳を積む〟や〝善行を行う〟という意味だ。貧しい人に施しをしたり、困っている人を助けたり、お寺にお祈りしに行くこともタンブンであり、これをすることによって、自らの幸せとなって返ってくるという仏教的な思想なのである。

女性たちは過去に何度もこの場所でタンブンを行っており、その度に良いことが起こったので、その日も動画配信をしながら大量の料理を用意していた。すると、女性たちの後ろの墓から起き上がる、赤い服を着た女の子の幽霊の姿が撮影されていたのだ。この動画は幾つものニュースで取り上げられ、トライカンマ墓地の存在はタイ中に知られることになった。

この出来事をきっかけに、多くのタイ人がトライカンマ墓地を訪れて、タンブンをするようになったのだが、23年6月にはこの場所でタンブンをした後に宝くじで一等2400万バーツ（約1億円）に当選した人物が現れた。

匿名のこの人物はすぐに幽霊にお返しをするため、墓地に200台の中華テーブルを用意して、中華料理店のオーナーを24万バーツ（約100万円）で雇い、1テーブル当たり1200バーツの料理を準備したという。これらの料理は幽霊へのお供え物が終わった後、付近の村民たちにすべて振舞われたため、幽霊と村民への二重のタンブンとなったということだ。

この食事会には宝くじ売りが大量に現れ、訪れた人たちも思い思いの宝くじを買って帰ったという。

ノパウォン交差点にある廃病院
Abandoned Hospital at Noppawong Intersection
／パトゥムターニー

2023年9月、筆者がタイを訪れて心霊スポット探索を行っている際に、『タイぐるり怪談紀行』の著者であるバンナー星人さんから情報提供していただいたのが、この廃病院だ。

パトゥムターニーのノパウォン交差点の近くにあることから「ノパウォン交差点にある廃病院」という呼び方をされているこの廃墟は、タイの超人気心霊YouTuberである「The Real Ghosts」が取り上げたことによって、動画は100万回以上再生され一気に知名度を上げたようだ。

この病院の建設が始まったのは2002年のことなのだが、資金難によって工事は中止となり、見ての通り外壁のない中途半端な状態で放棄されている。建物は4階建てでL字型になっており、周辺には草木が生い茂っている。

この場所には時折肝試しにやって来る若者たちが

いるようで、過去には憑りつかれたために僧侶にお祓いをしてもらい、霊に許しを乞うためにお供え物を持ってやって来た例もあるという。一番霊が出ると言われているのは2階で、ここでは白い服を着た女性の霊を多くの人が目撃している。また、夜になると建物の中から女性の叫び声が聞こえてくることがあるようだ。さらに、建物の周りを走り回る子供たちの霊も目撃されており、この場所には様々な霊がいると言われている。

そして、この廃病院には、怪談話だけでなく都市伝説的な話もある。

外国から旅行にやって来た夫婦が夜に車を走らせていると、交差点付近で灯りの点いた大きな病院を見つけた。長時間の運転で疲れ切っていた夫婦は、その病院の駐車場に車を停めて車内で眠ることにした。そして、朝になって目を覚ますと、昨夜まで照明が灯っていたはずの病院は廃墟となっており、霊に化かされた事に気づいたという。

筆者は実際に夜に廃病院内を探索したのだが、4階フロアに入った瞬間にすぐ近くで何かを引きずるような音が聞こえ、タイ人の友人と2人で逃げだした。あれが人だったのか霊だったのかはわからない。

プッタモントン

Phutthamonthon／ナコーンパトム

プッタモントンはバンコクの隣のナコーンパトムに位置する仏教の大型公園で、その名には〝仏陀の曼荼羅〟という意味がある。１９７６年に開園されたプッタモントンの目玉は15．８メートルの高さを誇る仏像で、公園の中央に人々を見下ろすように鎮座している。公園内では様々な仏教行事が行われるのだが、一般の人でも立ち入りは可能なので、ジョギングや写真撮影、魚や鳥たちへの餌やりを楽しむ人々なども訪れている。

神聖な敷地内には寺院、仏教局などがあり、多くの僧侶が行き来している場所でもあるのだが、心霊スポットだという噂もある。

過去にこの場所で修行を行っていた若い僧侶が悪霊に憑りつかれてしまったという噂や、２０１７年に公園の敷地内で人間の頭蓋骨が発見された事件があったことから、霊的な噂が囁かれ始めたようだ。発見された頭蓋骨は9カ月の胎児のもので、スカートに包まれた状態で半分土に埋まっていたのを、草刈りを行っていた軍人がみつけたそうだ。

二 ムアンエク村
Muang Ake Village ／パトゥムターニー

パトゥムターニー県にある生徒数3万人を誇るランシット大学の近くに、かつて高級住宅街にすることを目的に建設されたムアンエク村はある。

村のすぐ隣はゴルフ場で、明らかに裕福な層を狙った立派な造りの赤い屋根の家が30軒以上も連なっているが、それらはすべて20年以上も前から放棄され、野ざらしの状態となっている。

これらの建物は1997年のアジア通貨危機と、2000年代に起こった洪水によって壊滅的な被害を受け、買い手も借り手もつかなくなり廃墟となったようだ。ムアンエク村の建設中には、女性作業員が屋根から転落死する事故が起こっており、家のオーナーも数人、借金苦によってこの場所で自ら命を絶っていると言われている。

さらに、不幸な出来事はそれだけに留まらず、どこからやって来たのかわからない若者が廃屋の玄関で首を吊ったのを皮切りに、次々と若者たちが首を吊るためにこの地を訪れているのだという。

現在では、ランシット大学の学生を中心にバイクで肝試しに来る若者が後を絶たないのだが、中にはこの場所で恐ろしい怪奇現象を体験した者もいるようだ。

筆者は2023年にこの村を訪れたのだが、現地に着いたのは20時頃で辺りはすっかり暗くなっており、道の脇に連なる廃墟群は異様な不気味さを醸し出していた。航空写真では30件以上の廃墟の屋根を確認できるが、その大部分はジャングルに飲み込まれ、道の脇にある足場の良い廃墟しか探索することができなかった。

30分ほどかけて撮影を終え、近くで待っていてくれたタイ人の友人が運転する車に乗り込んだのだが、発進した直後に廃墟群とは反対側のジャングルの中に白く光る発光物体がフラフラとこちらに近づいてくるのに気づいた。

すぐに窓ガラスを叩いて「ゴースト!」と叫ぶと、友人は窓の外の発光体をチラリと見て、何事もないかのように「ピー(タイ語で精霊)……」と呟き、そのままアクセルを踏み込んだ。

ロマニナート公園
Rommaninat Park／バンコク

MRTサムヨート駅を降りて徒歩3分の位置にあるロマニナート公園は、1992年にシリキット王女60歳の誕生日を記念して公園として改装された場所で、美しい庭園や水辺、多くのレジャー施設を揃えた都会のオアシスのような存在だ。

だが、実はこの施設、公園に改装される前は刑務所であった。その歴史は1890年まで遡る。設立当初は〝ゴン・マハ・ペン・ペニット〟と呼ばれる刑務所で、多くの重犯罪者が収容されていた。そして、何度も名前を変えながら最終的にはロマニナート公園となったわけだが、現在でも刑務所時代から続く防護壁に囲まれており、監視塔や独房などもそのまま展示されている。

タイの極悪刑務所の中では、看守による拷問や、受刑者同士のいざこざによる殺人事件、そして自殺などによって多くの人が無念の死を迎えており、それらの魂は未だにこの場所を彷徨っていると言われている。

ワット・マハーブット
Wat Mahabut／バンコク

バンコクにある寺院のひとつ、ワット・マハーブット。タイの寺は派手な装飾で有名な場所が多いのだが、この寺院は建物そのものではなく、タイで知らない人はいない伝説に登場する、メーナーク（メーはお母さん、ナークが名前）という女性が祀られていることで広く知られている。

この伝説は、18世紀半ばのアユタヤ時代から19世紀にかけて生まれた話だと言われており、内容はこのようになっている。

プラカノン出身のナークは、村でも評判の男前であるマックと結婚する。しかし、戦争が始まるとマックは徴兵され、ナークは1人になってしまう。マックが戦地に赴いた後にナークは妊娠が発覚するのだが、ナークは出産中に胎児とともに死亡してしまう。そして、2人の遺体は近所の人たちの手によって埋葬されることになった。

その頃、戦地で負傷したマックは戦線離脱し、愛

する妻の待つ家へと帰ってくる。家では死んだはずの妻と赤ん坊が出迎えてくれるのだが、2人が死んだことを知らないマックは感動の再会を果たし、3人で幸せな暮らしを再開する。

マックに妻と子供が本当は死んでいることを知らせようとした村人たちはナークによって殺され、マックは妻子の死に気づかないまま3人での生活を送ることになる。

しかし、ある時ナークが落とし物を拾おうとした際、その手が異様に伸びたのを見たマックは彼女が亡霊であることに気づき、家から逃げ出してワット・マハーブットに逃げ込む。ナークはマックの後を追ったのだが、寺の住職はナークの霊を壺に入れ、プラカノン運河に投げ込んだと言われている。

ワットマハーブットにはこの伝説のメーナークが祀られており、一途に夫の帰りを待ち続けた伝説から恋愛運を上げるために参拝する女性が多い。また、メーナークは夫が軍隊に行くことを嫌っていたため、徴兵制のくじ引きに当たらないようにと願掛けする若者も多くいることで知られている。

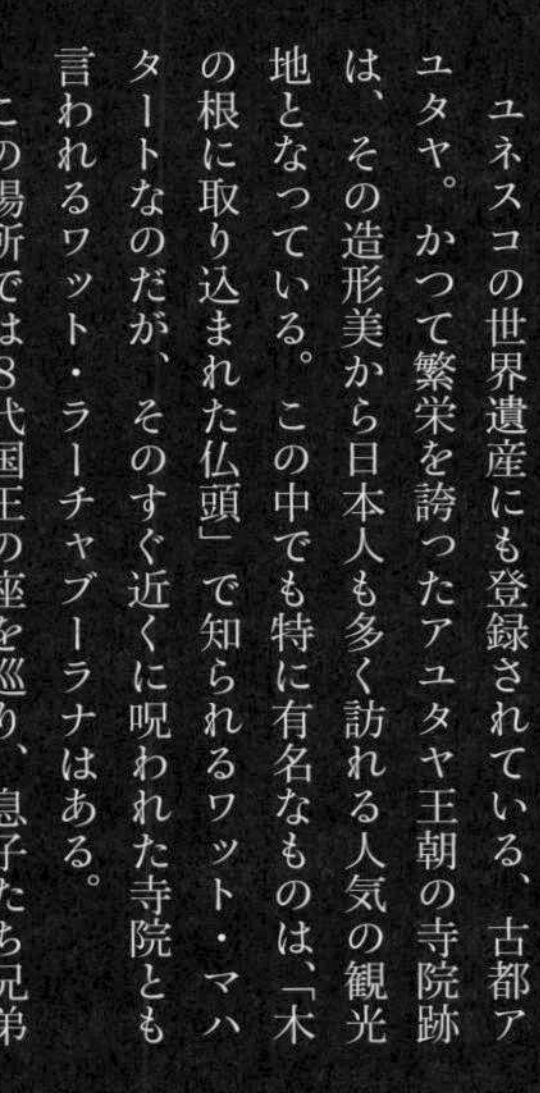

ワット・ラーチャブーラナ

Wat Ratchaburana ／アユタヤ

ユネスコの世界遺産にも登録されている、古都アユタヤ。かつて繁栄を誇ったアユタヤ王朝の寺院跡は、その造形美から日本人も多く訪れる人気の観光地となっている。この中でも特に有名なものは、「木の根に取り込まれた仏頭」で知られるワット・マハタートなのだが、そのすぐ近くに呪われた寺院とも言われるワット・ラーチャブーラナはある。

この場所では8代国王の座を巡り、息子たち兄弟が象に乗って決闘を行った場所であり、2人は同士討ちした。そして、上の2人が亡くなったためにその弟が王位を継承することになった。

弟であるチャオ・サン・プラヤーは2人の兄弟の遺体を掘り起こして火葬させ、そこに寺院を建てるよう命じた。そうして1424年に完成したのが、このワット・ラーチャブーラナだ。その後、いつからか「この寺院を最初に訪れた王は死ぬ」という噂が流れ、アユタヤ王朝の歴代の王は誰もこの場所を訪れることはなかった。

それから長い年月が過ぎ、1956年、ワット・ラーチャブーラナに大きな事件が起こった。20人の盗難グループがこの寺院を盗掘しようと試み、地下の隠し扉を開けたところ、内部は一面金色に光り輝く装飾品で埋め尽くされていた。

その膨大な量の財宝は一晩で運ぶことができずに、3日間かけて回収作業が行われたという。この盗掘には2人の警察官も関わっていたのだが、そのうちの1人が酔った勢いで上司に自らが得た財産について話し、そこで事件が発覚したという。

そして、警察は捜査を始めたのだが、そのときにはすでに犯人グループの中で取り分を巡る争いが起きており、複数人が殺害されていたり、狂ってしまっていたという。

残りのメンバーはすぐに逮捕されたのだが、奪われた金はすでに多くが売却されたか溶かされてしまっており、戻ってきたのは僅か2割ほどだった。そして、これらの財宝を買い取った店も火災で焼失するなどの被害を被っており、財宝の盗掘に関わった人間には、王の呪いが降りかかっていると恐れられている。

売春婦の墓
Brothel 35／カンチャナブリ

タイで最も恐ろしい心霊スポットとして名前が上がるのが、カンチャナブリにある売春婦の墓だ。この建物は、Brothel35（売春宿）、〝Prostitute's Grave（売春婦墓場）〟と呼ばれ、1960年代半ばに開業し、86年に閉鎖したと言われている。営業していた当時は、人身売買によって連れて来られた女性たちが無理矢理性労働に従事させられており、逃げようとすると虐待され、ほとんど監禁状態であったそうだ。

中には望まない妊娠で中絶をすることもあれば、中絶の際に妊婦が死亡することもあった。その暗い歴史によってこの廃墟は〝売春婦の墓〟と呼ばれ、未だに浮かばれない多くの魂が彷徨っていると言われ恐れられている。

現在も、夜になると建物から女性の叫び声や泣き声が聞こえてくると言われており、幽霊の姿を一目見ようと肝試しにやって来る若者も多い。だが、そ

うやって肝試しに来た若者が祟られる事例も発生しているようで、謝罪のために持ってきたものなのか、それともこの場所で命を落とし女性たちの鎮魂のためのものなのかはわからないが、内部には多くのお供え物がある。

筆者がこの場所を訪れたのは2023年で、タイ人の友人に協力してもらい、現地の人たちに聞き込みをしてようやく売春婦の墓を見つけることができた。到着すると、偶然敷地の前の家の住人が出てきたので中に入っていいかを尋ねると、「中は荒れ放題で危ないし、警察に通報される可能性があるからガイドしてやる」と言われて100バーツで中を案内してくれることになった。

元々、敷地入り口はトタンで封鎖されていたらしいが、誰かがそれを剥がしていたようで我々はガイドを先頭にすんなりと侵入することができた。

内部は荒れ放題で派手な色の蛇の死体などが転がっており、確かに棍棒を持ったガイドの男性がいなければ物理的に危険な場所ではあったのだが、このときは夕方と夜に2回入ったものの超常現象が起こることはなかった。

薬品工場病院
Drug Factory Hospital／バンコク

タイにはいくつもの廃病院がある。それらは有名なものから無名のものまであり、いずれも都市探検家やゴーストハンターたちによって探検の舞台となっている。

2023年9月、バンコクに廃病院があるという情報を得た筆者は、タイ人の友人とともにBTSのシーロム線でSurasak駅までやって来た。しかし、目的地はこの近くであるということはわかっているものの、住所の詳細がわからずに付近で聞き込みを行うことになった。すると「あそこだよ」と、バイクタクシーの運転手が指差したのは、なんと我々が降りた駅のホームのすぐ真横に位置する廃ビルだった。

近づいてみると、すぐ目の前にある近代的で煌びやかな駅の階段とは対照的に、その建物のガラスは割れており、1階部分には多くの落書きがある。すぐにでも入りたかったのだが、一応門があり、なんといってもバンコクの大通り沿いなので無茶苦茶に

人通りが多い。目の前には数十台の車が信号待ちをしており、誰にも見られずに中に入るのは不可能だった。そこで、また近くにいたバイクタクシーの運転手に入っても大丈夫か聞いてみると、「毒蛇に気をつければ大丈夫」とのことだったので、意を決して門をよじ登り潜入することに成功した。

建物正面にはタイ語で病院名が書かれており、直訳すると薬品工場病院となるので、ここが廃病院なのは間違いなかった。建物はかなり古いようで、崩壊が進んでおり医療器具などはすべて無くなってしまっていた。中に残されていたのは机や椅子、ゴミなどしかなく、ところどころに落書きがしてある。

幸いなことに毒蛇はいなかった。大都会であるバンコクの街中でも時折毒蛇騒動が起こるので、都会といえども廃墟の敷地内は気が抜けないのだ。建物内部にはまったく人気がないのだが、外からは車の排気音やクラクションなどの騒音が絶え間なく聞こえてきていた。

ボロボロの窓から外を覗くと、そこには真新しい車やバイクが列をなしていて、何とも不思議な感覚を覚えた。

イスタナ・ウッドヌーク
Istana Woodneuk／シンガポール

1935年、ジョホール州のスルタン（イスラム王）のための宮殿イスタナ・ウッドヌークは、当時の王であったスルタン・イブラヒムによって再建され、名称は「イスタナ・ウッドヨーク」と改められることになった。だが、イスタナ・ウッドヌークの名称がすでに定着していたため、それ以降も現在に至るまでこの名称が使用されている。

42年、第二次世界大戦の火がシンガポールに迫ると、この宮殿は軍の本部として使用されるようになったのだが、旧日本軍の激しい砲撃により、多くの人が亡くなったという。

戦後はそのまま軍によって使用されていたのだが、48年、宮殿はスルタンに返却されることになる。その後、57年から86年まで宮殿は管理人によって維持管理されていたのだが、90年にシンガポール政府が宮殿一帯の土地を購入し、一般人の立ち入りは禁止となった。徐々にジャングルに飲み込まれていっ

た宮殿は、多くの廃墟好きたちによる探索が繰り返されるようになったのだが、2006年、麻薬中毒者による放火で大きなダメージを受けた宮殿は修復不可能となり、そのまま現在まで放置され続けている状況だ。

すでにこの宮殿はシンガポールの地図からは消去されており、建物内には第二次世界大戦時の死者の霊や、かつてこの宮殿に住んでいたスルタンの霊が彷徨っていると言われている。

筆者がこの場所を訪れたのは2023年のことで、かつては宮殿まで続く林道があったそうだが、このときにはすでに道は完全にジャングルに飲み込まれてしまっていた。藪漕ぎをして辿り着いた建物は木々に覆われており、外部からその全景を眺めるのは不可能な状況だった。

内部には大量の落書きがされていたのだが、その中には悪魔崇拝の儀式とも思えるような不気味なものもあった。建物の崩壊は激しいものの、かつての宮殿としての威厳は保ち続けている壮大な造りで、今後もできるだけ長く崩壊せずに現状を維持して欲しいものだ。

FucK
Malay
WTC

ケイ・シアン・バンカーズ
Kay Siang Bunkers／シンガポール

ケイ・シアン・バンカーズは第二次世界大戦中にイギリス軍によって作られた弾薬庫で、大戦後に放棄され、人々からその存在は忘れ去られてしまった。現在は樹木に覆われた壁が2重壁となっており、被弾しても中の弾薬を守れるように設計されている。

Urban exploration（Urbex とされることも）は日本語では〝都市探検〟となるのだが、これはいわゆる廃墟巡りを指し、このUrbexが世界的に流行していることから、シンガポール内にいくつもある戦跡も都市探検家たちの探索の的となっている。ケイ・シアン・バンカーズは比較的都市部にあることと、獣道に入って遺構までの距離が近いことから気軽に行くことができるのも嬉しい。

この場所は弾薬庫としてだけでなく、旧日本軍の捕虜収容所も担っていたと言われている。その不気味な雰囲気と収容所としての歴史が相まって、シンガポールのゴーストハンターたちに人気のスポットとなっている。

ニー・アン・シティ
Ngee Ann City／シンガポール

シンガポール最大級のショッピングエリアである、オーチャードロードの中心に位置するニー・アン・シティ。かつては"Tai Shan Ting（タイ・シャン・ティン）"と呼ばれる巨大な華僑の墓地であった。約3万近くの墓が連なる巨大墓地は1950年代に開墾され、まずその跡地に建てられたのはニー・アン・ビルという10階建てのビルだった。

しかし、1985年にニー・アン・ビルは取り壊され、93年にニー・アン・シティとして生まれ変わったのだが、この建て替えは幽霊が出すぎたことが原因のひとつだとも噂されている。

新たに建てられたニー・アン・シティの造りは中国の墓に似ており、建物の正面にある5本の旗竿は線香のようにも見えることから、これらは「墓地の開墾によって地上に現れた、彷徨う霊たちを鎮めるためのデザインだ」とも言われている。

現在でも幽霊の目撃情報が絶えず、一番霊が出ると言われているのはトイレだそうだ。

クブル・カシム墓地
Kubur Kassim Cemetery／シンガポール

シンガポールのイスラム教墓地の中でも、このクブル・カシム墓地は、〝妖怪オラン・ブニアンの住処〟として知られている。

この場所が墓地として使用され始めたのは1920年代のことで、現在では3000を超える墓が祀られているのだが、土地不足が深刻なシンガポールでは、この墓地は潜在的な住宅開発地に指定されているという。

クブル・カシム墓地独特の、細長い墓石が大量に立ち並んでいる様子は圧巻で、妖怪の住処と言われてもすんなりと頷いてしまうような様相だ。ところどころ墓石には色違いの布が巻きつけてあり、余計に奇怪さを際立てている。この布は埋葬されている人の身分を示すもので、白は一般人、黄色は徳の高い人物であることを示している。

この墓地には前述したオラン・ブニアンを祀っているものがあり、それが「オラン・ブニアンの住処」と呼ばれる所以である。

ハウ・パー・ヴィラ
Haw Par Villa／シンガポール

1937年、軟膏薬タイガーバームで財を成したAw Boon Haw（胡文虎）とAw Boon Par（胡文豹）兄弟によって建設されたハウ・パー・ヴィラは、兄弟それぞれの名前に因んでこの名称となっている。

施設内には1000体を超えるコンクリート像や、150を超えるジオラマが所狭しと並んでおり、それらは仏教、道教、中国の民間伝承にインスピレーションを得たものがほとんどだ。

施設は朝9時から20時（金土曜日は22時）まで無料で開放されているのだが、施設内のいわゆる〝地獄寺〟部分は有料となっていて、内部には恐ろしい光景が広がっている。人々は「この中に本物の地獄への入り口がある」と噂し、シンガポールの心霊スポットのひとつとしても広く知られている。

他にも「コンクリート像の中には蝋で固められた人間の死体が使われている」「夜間になるとコンクリート像が騒ぎ出す」という話も実しやかに囁かれているようだ。

苦海無涯
回头是岸

ヒルビュー・マンション
Hillview Mansion／シンガポール

○○跡地と呼ばれる心霊スポットは日本各地に存在する。すでに更地や公園になっているにもかかわらず、「未だに霊が彷徨っている」などと噂され、格好の肝試しスポットとなっている場所も多い。実はシンガポールにも、同じように心霊物件跡地にもかかわらず、若者たちがドライブやサイクリングがてらに立ち寄っていく人気の場所があり、そのひとつがこのヒルビュー・マンションなのだ。

現在は古びた門しか残っていないのだが、かつてこの場所には、高級住宅が建てられる予定であった。1950年代、シンガポールで自転車や自動車を扱うCycle & Carriageの社長であるチュア氏は、本社兼住居として丘の頂上にヒルビュー・マンションの建設を進めていた。

しかし、ある程度建物が完成したにもかかわらず工事は突然中止となり、地元では様々な噂が立った。その中で最も有名な説が、「工事の進捗状況を

確認しに来たチュア氏の愛人がバルコニーから転落死し、それをきっかけに工事は中止になった」というものだ。そのため、未だにこの場所には愛人の霊が彷徨っており、夜にはすすり泣く声が聞こえてくると言われている。

未完成の建物は不動産業者に売却されたのだが、管理されることなく放置され、やがて多くの若者たちが肝試しに来るようになった。

そして、夜間に建物内部を探索していた人々から心霊現象に遭遇したという多数の声が上がり、この場所はシンガポール3大心霊屋敷のひとつとして認められ、敷地内に広い芝生があることから〝グリーンハウス〟と呼ばれるようになった。

残るふたつは、〝ホワイトハウス〟と呼ばれるマチルダ・ハウス（Matilda House）、〝レッドハウス〟と呼ばれるパシル・リス・バンガロー（Pasir Ris Bungalow）である。

2006年にグリーンハウスの建物は取り壊され、現在残っているのは門だけなのだが、未だにこの門を目指して多くの若者たちが訪れている。

ブキット・ブラウン墓地
Bukit Brown Cemetery／シンガポール

「シンガポールの墓地の中で、一番幽霊の出る場所」と言われるのが、このブキット・ブラウン墓地だ。２３３ヘクタールにも及ぶ広大な敷地内には、10万人以上の人々が眠りについている。墓の中には著名人のものも多く、それらは独特の造形をしていることから、見学に来る観光客も多い。また、墓の周りのジャングルは多くの鳥類の生息地となっており、バードウォッチングやハイキングの名所としても知られている。

幽霊が出没するようになったのには、きっかけがあると言われている。それは２０１１年に行われた大規模高速道路工事で、高速道路は敷地内を貫通することから、４０００もの墓が別の場所に移動されることになった。その際に、眠りについていた死者の魂が激怒し、墓地を彷徨うようになったという。

また、付近のジャングルでは、東南アジアで広く知られている妖怪・ポンティアナックの出現情報もある。

ベドック貯水池
Bedok Reservoir／シンガポール

風光明媚なベドック貯水池は、地元住民の憩いの場であり、多くの人がランニングやサイクリングを楽しんだり、週末になるとカヤックを楽しむ家族連れなどで賑わっている。

しかし、この場所は自殺の名所としても知られており、２０１１～12年にかけては6人がこの貯水池で命を絶ったと言われている。そのせいか、夜に貯水池の周りを走る人々が、目には見えない何者かに足を引っ張られたり、水辺から不気味な泣き声を聞くことがあるという。

また、こういった数々の霊的現象を抑えるために、シンガポールの宗教団体によるお祓いが行われたこともあるのだが、お祓いの翌日には、まるで儀式をあざ笑うかのように貯水池には水死体が浮かんでいた。

お祓いによる効果はなかったようで、それからも定期的に貯水池では水死体が上がるそうだ。

ラブラドール砲台
Labrador Battery／シンガポール

シンガポール南部に位置するラブラドール公園は、第二次世界大戦中にイギリス軍の要塞や基地があった場所で、旧日本軍から国土を防衛するための重要な拠点だった。イギリス軍は旧日本軍が南海岸から侵入してくると考えていたのだが、旧日本軍はその裏をかいたかのように北海岸からシンガポールに侵入したため、この要塞はほとんど機能しなかったと言われている。

現在でもラブラドール公園内には多くの砲台や機関銃の跡、トーチカなどが残っているのだが、それらの中でも特筆すべきスポットがラブラドール砲台だ。この砲台は公園先端の小高い丘の上に立っており、弾薬庫や見晴らし台が残っていることから、廃墟好きやゴーストハンターたちにとって打ってつけの目的地となっている。砲台へと続く舗装された道は封鎖されているのだが、数カ所、険しい崖を登って砲台まで辿り着けるルートがあり、好事家たちは

その崖を乗り越えて、ラブラドール砲台の探索を行っているのだ。

このラブラドール公園では2009年に幽霊騒ぎが起こっており、それは新聞に掲載されるほど話題になったという。

その日、20時頃に9人の学生が公園を訪れたのだが、その中の数人が突然霊に憑りつかれ、飛び跳ねたり奇声を上げたりして暴れ出した。それを止めに入った学生は、憑りつかれた学生に首を絞められるなどの暴力をふるわれ、最終的には警察と救急車が出動する事態になったのだ。現場は捜査のために一時的に封鎖され、公園内は騒然としていたようだ。

この事件は、学生たちが〝オベリスク〟と呼ばれるラブラドール砲台の真下に位置する四面構造物の前を通ったときに〝何か〟に憑りつかれたことが原因と見られており、オベリスクには得体の知れない悪霊が潜んでいると恐れられている。また、オベリスク周辺での霊の目撃情報も多い。

さらに、ラブラドール公園には東南アジアで広く知られる妖怪であるポンティアナックも出現すると言われている。

旧チャンギ病院
Old Changi Hospital／シンガポール

〝シンガポールで最も幽霊の出る場所〞と恐れられているのが、チャンギ国際空港のすぐ近くに位置する旧チャンギ病院だ。

この場所は1935年のイギリス植民地時代に建てられたもので、主にイギリス陸軍によって使用されていた。しかし、第二次世界大戦に突入すると建物は旧日本軍の管理下に置かれ、病院内では憲兵隊による拷問が行われていたと言われている。

その後、旧日本軍が降伏すると建物は再びイギリス軍のものとなったのだが、シンガポール独立後は国営の病院となり、軍人だけでなく一般人も利用できるようになった。

しかし、丘の上に立つチャンギ病院は険しい坂を上らなければ辿り着くことができないため、その利便性の悪さからアクセスの良い病院と合併することになり、97年に閉鎖となった。

それからは廃病院としての歴史がスタートするわけだが、現役時代とは違い、地元だけでなく海外からも廃墟好きやゴーストハンターが押し寄せるようになった。

それらの〝ライトな〟客層ならまだしも、この場所には時折悪魔崇拝者たちが訪れ、黒魔術を行っているとの噂も流れ始めた。さらに、建物を探検中の人々が兵隊の霊や入院患者の霊を見たという噂が次々に広まり、次第にシンガポール一幽霊の出る場所だと人々の間で認識されるようになっていった。

現在では旧チャンギ病院は完全に封鎖されているが、監視カメラが設置され、警備員が巡回を行っている。毎年何人もの若者がこの場所への不法侵入を試みて、警察に連行されているようだ。

ただ、Supernatural Confessionsというシンガポールの超常現象研究チームが、土曜日の夜に1人当たり85シンガポールドルで旧チャンギ病院のツアーを行っているので、そこに申し込めば合法で内部の探索が可能だ。

筆者は、僅か4日間でシンガポール中の心霊スポットを探索する予定で現地に向かったため、ツアーに参加することができず、門の外から建物を眺めるだけとなってしまった。

サンガイ・ダム・オウンガン
Sungai Dam Oongan／バリ

バリ島の州都であるデンパサール中心地に位置するサンガイ・ダム・オウンガン。すぐ裏には大型のショッピングモールがあり、このダムは市民の憩いの場となっているのだが、その長閑な雰囲気からは想像し難い悲しい伝説がある。

この場所には、キ・サウンガリンという男性の遺体が埋まっていると言われている。

かつて、この場所は水辺ではなく森で、付近の村は長引く干ばつに苦しめられていた。次第に村民が他所の村へと移っていくのを知った当時の王は、川の水をせき止めてダムを建設することにした。しかし、ダムを造ったにもかかわらず、その地域の田んぼの状況が好転することはなかった。

その頃、王の側近であるキ・サウンガリンは、干ばつにどう対抗するか悩み瞑想を行っていたのだが、瞑想の中にインドネシアのヒンドゥー教の最高神であるサン・ヒャン・ウィディ・ワサが現れ、「人

柱を捧げてダムを作るように」との啓示を受けた。だが、心優しいキ・サウンガリンは他人を犠牲にすることも、これ以上村人が苦しむ姿を見ることにも耐えられず、自ら人柱になることを決意した。

そして、その知らせを聞いた妻も愛する夫とともに人柱になることを決め、この2人を生贄に捧げてサンガイ・ダム・オウンガンは作られた。その後、田んぼが干上がることはなくなり、人々が干ばつに苦しめられることはなくなったという。

時代がオランダ植民地時代に突入すると、オランダ人たちがダムの改修工事を行うことになり、かつての人柱の伝説を知ることになった。そして、同じようにすれば基礎が丈夫になると信じたため、虐殺した地元民を改修工事の際に埋め込んだと言われている。

このような悲しい伝説があるサンガイ・ダム・オウンガンには、長い年月を経た現在でも多くの幽霊や妖怪が出没すると言われ、その中でも有名なのは〝ガマン・メメディ〟だ。これは人の形をした妖怪なのだが、鼻の下の人中がないので見分けることができるという。

カサブランカ・トンネル
Terowongan Casablanca／ジャカルタ

インドネシアの首都ジャカルタの中で、最も交通量が多いのがカサブランカ・トンネルだ。

トンネルの建設は1991年12月に始まったのだが、元々この土地にはメンテンプロ墓地が広がっていた。墓地の移動に反対だった地元の指導者たちの意思に反して政府が建設を進めたのだが、工事中には墓のひとつからまったく腐敗していない無傷の遺体が掘り出されたと言われている。熱帯の気候であるジャカルタにおいて、埋葬された遺体がそのままの状況を維持し続けることは不可能であり、この原因については未だにわかっていないという。

その後、93年3月にトンネルが開通したのだが、墓地に眠っていた魂はこの場所を彷徨い続けていると言われ、多くの幽霊目撃情報がある。

そして、墓地の幽霊以外にも、かつてこの付近で集団で強姦された挙句殺害された女性が遺棄される事件があり、その女性の魂が悪霊となって彷徨っているとも噂されている。

サイダ・タワー

Menara Saidah／ジャカルタ

1995年に建設が始まったサイダ・タワーは、97年に完成し、オフィスビルとして機能していた。24階建て94メートルの高さを誇るこのビルは付近でもひときわ目立つ存在感を放っているのだが、2007年に建物が傾いていることが判明し使用禁止に。それから15年以上放棄されたままの状態だ。

しかし、ネット上ではこのビルの使用が禁止されたのは傾いていることが原因ではなく、あまりにも多くの幽霊が出るためではないかと噂され、ビルに関する様々な怪談が語られている。

その中でも有名なのは、インドネシアやマレー半島で広く知られる妖怪〝クンティナラク〟がこのビルに住み着いているという噂で、クンティナラクは長い黒髪に白い服を着た女の姿をしていると言われている。

すぐ近くの線路で列車事故により亡くなった女性の魂がクンティナラクになり、サイダ・タワーに住みつくようになったという説がある。

MENARA SAIDAH
MASUK & POTO"
BUAT.KONTEN
BIKIN VIDEO

ジェルク・プルット公営墓地
TPU Jeruk Purut／ジャカルタ

ジェルク・プルット公営墓地は、ジャカルタを代表する大型墓地のひとつであり、現在でも昼間は警備員が駐在し、きちんと管理されている場所なのだが、ジャカルタ有数の心霊スポットとしても知られている。

この墓地には子供の霊、毛むくじゃらのグール（屍食鬼）など、様々な怪異が出没すると言われているのだが、その中でも一番有名なものは、墓地を彷徨う首のない司祭だろう。

この司祭の最初の目撃情報は1986年。当時墓地の夜間警備をしていた男性が、首のない司祭が墓の前を歩いているのを見たというのだ。司祭は自らの首を抱えており、後ろに黒い犬を引き連れていたそうだ。しかし、このジェルク・プルットはイスラム教の墓地のため、キリスト教の司祭が自分の墓を探そうとして、間違ってこの墓地を彷徨い続けているのではないかと言われている。この墓地の近くに

はタナ・クシールキリスト教墓地があるので、彼の本当の墓はそちらにあるともっぱらの噂だ。
そして、この司祭に会うためには、「金曜日の夜に奇数人で墓地を訪れなければならない」と言われている。ただし、「夜の墓地で女の子の霊にあった場合は刺し殺されてしまう」という言い伝えもあり、現地の人々から恐れられている。

2006年には首なし司祭の都市伝説をモチーフにしたホラー映画『Hantu Jeruk Purut（The Ghost of Jeruk Purut）』が公開されており、この映画が大ヒットしたことをきっかけにジェルク・プルットには首なし司祭の霊を一目見ようと多くの若者たちが夜間押し寄せることになった。

そして、2011年にはジャカルタを拠点とするインドネシアの全国ラジオであるプランバーズFMが、首なし牧師の都市伝説に基づいて、ジェルク・プルットを〝ジャカルタで最も恐ろしい場所〟に選定している。

現在でも首なし司祭の姿を求めて、多くのゴーストハンターや YouTuber がこの墓地の撮影を行っている。

トコ・メラ
Toko Merah／ジャカルタ

インドネシア語で〝赤い店〟という意味のトコ・メラは、1730年に建てられたジャカルタに現存する最も古い建物のひとつだ。

この建物は元々、インドネシアを植民地にしていたオランダの東インド総督であるグシュターフ・ウィレム男爵の邸宅として建てられたもので、その後、300年にも及ぶ歴史の中で様々な目的に使用されることになる。

海軍士官学校、ホテル、銀行事務所、国際企業事務所など、所有者は多岐に渡ったのだが、1851年にオイ・リャウ・コン氏によって住居兼店舗として赤く塗られたため、そこから〝トコ・メラ（赤い店）〟と呼ばれるようになったという。

300年の長い歴史の中で多くの人の死に触れてきたこの建物は、地元民からは超常現象が多発する心霊スポットとしても知られており、「夜に女性の声を聴いた」「ドレスを着た女性がいるのを見た」

など、その体験談は無数に存在する。

そして、それらの超常現象の最も大きな原因は、1740年に発生したアンケの悲劇だと言われている。これは当時、製糖工場で働いていた中国人労働者たちが暴動を起こし、オランダ人50人を殺害したことに端を発し、オランダ軍の中国人虐殺に発展した事件だ。中国人は成人男性に留まらず、女、子供、老人から病院に入院している患者まで見境なく殺害され、約2週間で1万人を超える中国人が命を奪われた。

この時、トコ・メラ前の通りは死体で埋め尽くされたというが、オランダ軍が中国人の首に懸賞金をかけていたため、遺体の首は刈り取られていたという。

さらに、生きて捕えられた中国の若い女性たちはトコ・メラで強姦と拷問を繰り返されたと言われ、それらの恨みを持って死んでいった者たちの魂が今でもこの建物を彷徨っているという。

1992年、トコ・メラは文化財建造物に指定されており、2012年には改修工事が行われて現在では集会所や撮影スタジオとして使用されている。

パダン・ガラック・ビーチ
Pantai Padang Galak／バリ

サーファーの聖地とも呼ばれるバリ島には世界中から多くのサーファーが集まっており、もちろん日本人のサーファーも多い。

ここパダン・ガラック・ビーチも人気のサーフィンスポットであるとともに、地元の人からは心霊スポットとしても知られている。

このビーチには海の女神が住んでいるという伝説があるのだが、気性の激しい彼女は時折遊泳者を海に飲み込んでしまう。そして、この場所で亡くなった魂は海の女神のものになると信じられている。

そして、パダン・ガラック・ビーチ周辺ではサーフィンだけでなく凧上げも人気のアクティビティなのだが、近年、少年が凧揚げの最中に亡くなってしまう事故が発生した。それは少年が海の女神を怒らせてしまったからだと噂されている。そのため、亡くなった少年の魂はすでに女神のものとなったと考える人々もいるようだ。

パトゥン・バイ・サカ
Patung Bayi Sakah／バリ

バリ島のサカの幹線道路沿いの交差点に、南を向いて聳え立つ大きな赤ん坊の像がある。この像は1989年に建立された、バリ島で最も信仰されているヒンドゥー教の主要神であるシヴァの赤ん坊の状態を表現したSang Hyang Brahma Lelare（サンヒャン・ブラフマ・レラーレ）の像だ。

この像に関して多くの奇妙な話が地元民の間で語られている。満月の夜、像から泣き声が聞こえたという話や、その目から涙が滴り落ちるのを見たという人もいる。また、中には像が頭を自分たちの方に傾けていた、という目撃談もあるようだ。そして、このサカの交差点では事故も多発しており、それらの事故は像の呪いによるものではないかとも噂されている。

しかし、だからといって像が人々から恐れられているわけではなく、子宝祈願としても有名で、宗教問わず、多くの人々が子供を授かることを祈願しにこの場所を訪れている。

パノラマ・ホテル
Hotel Panorama／バリ

グーグルマップでバリ島の廃墟を探している際にこの廃ホテルを見つけたのだが、事前に情報を調べようにも、まったく詳細が出てこなかった。仕方がないのでバリ島を訪れた際に直接現地を訪れることにした。夕食のミー・ゴレンを食べてからレンタルバイクに跨り、現地に到着したのは夜の10時頃だった。

廃墟から500メートルほど離れたところにレストランなどがあるので、そこから楽器の演奏や人の話し声が聞こえてくるのだが、建物周辺にはまったく人気がなく、その場で聞こえるのは鳥や虫の鳴き声だけだった。

海外の廃墟は幽霊よりもギャング、犯罪者、薬物中毒者などのほうが怖いので、そういった人の気配を察知できるように神経を尖らせて内部の撮影を始めたのだが、生憎自分以外の人はいないようで、安全に撮影を進めることができた。

建物は鉄筋が剥き出しであり、明らかに未完成のまま放置されたものだった。壁には至るところに落書きがされているので、地元の若者が肝試しのためにこの場所を訪れているはずだ。何か情報は出ていないかとさらに探ってみると、この廃墟の名前がバリの心霊YouTuberの間で〝パノラマ・ホテル〟と呼ばれていることがわかった。

しかし、これは正式名称ではなく、各フロアが吹き抜けで内部にいながらも外の景色を広く眺めることができることから彼らが付けたニックネームである可能性が高い。

ここが心霊スポットであるという情報もいくつか入手した。心霊YouTuberが撮影中に手を振っている女性の霊に遭遇したそうである。またこの廃ホテルの裏側では、行方不明になった釣り人3人が遺体で発見されたという事件が実際に発生している。

もしこの場所を訪れたり、グーグルマップ上で確認してみたいという方がいたら、インターネットで「Ancient mystical standing stones beach」と検索するといい。ビーチの真横にある大型の建造物がこのパノラマ・ホテルだ。

フェスティバル公園
Taman Festival／バリ

かつてバリ島で最大規模のテーマパークとして建設されたのが、このフェスティバル公園だ。園内にはバリ島最大のプールや、ジェットコースター、映画館、レーザーショーなどの施設が設けられ、その建設費は1億ドルにも上ると言われている。しかし、1990年後半にはその歴史に幕を下ろすことになるのだが、これはふたつの不幸が重なったからだとされている。

まずひとつ目が経営難、そして、ふたつ目が98年3月13日の金曜日に、メインアトラクションであるレーザーショーが落雷で甚大な被害を被った事故である。その際に保険が降りずに修理不可能となり、閉園に至ったというものだ。

閉園後はバリ島を彷徨っていた幽霊たちがこの場所に集まるようになり、バリ島で一番幽霊が出る場所になっているという噂もある。

さらに、幽霊以上に危険なのがワニである。元々園内の池で飼育されていたワニが、閉園後もそのま

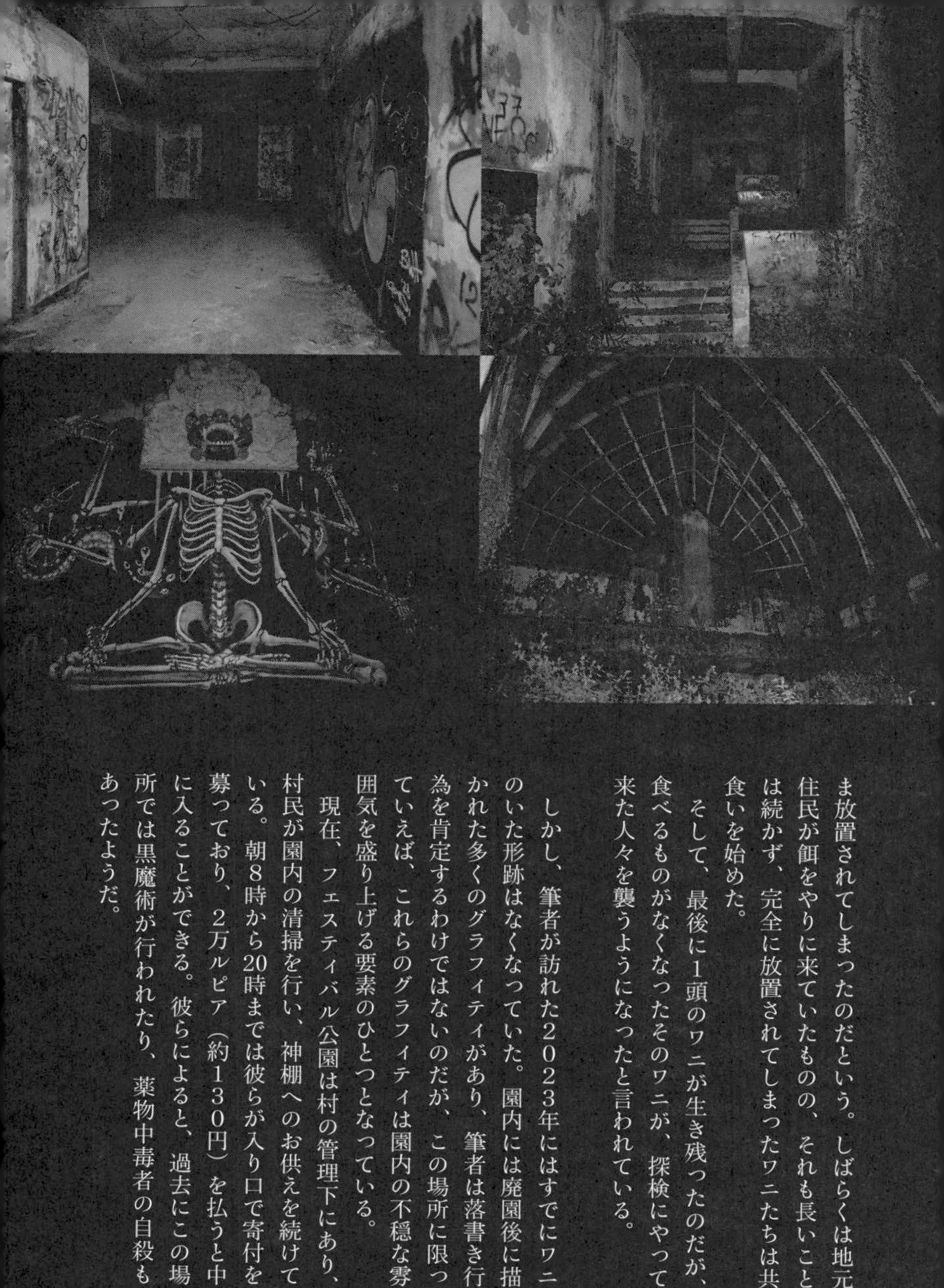

ま放置されてしまったのだという。しばらくは地元住民が餌をやりに来ていたものの、それも長いことは続かず、完全に放置されてしまったワニたちは共食いを始めた。

そして、最後に1頭のワニが生き残ったのだが、食べるものがなくなったそのワニが、探検にやって来た人々を襲うようになったと言われている。

しかし、筆者が訪れた2023年にはすでにワニのいた形跡はなくなっていた。園内には廃園後に描かれた多くのグラフィティがあり、筆者は落書き行為を肯定するわけではないのだが、この場所に限っていえば、これらのグラフィティは園内の不穏な雰囲気を盛り上げる要素のひとつとなっている。

現在、フェスティバル公園は村の管理下にあり、村民が園内の清掃を行い、神棚へのお供えを続けている。朝8時から20時までは彼らが入り口で寄付を募っており、2万ルピア（約130円）を払うと中に入ることができる。彼らによると、過去にこの場所では黒魔術が行われたり、薬物中毒者の自殺もあったようだ。

ブヌット・ボロン・ツリー
Pohon Bunut Bolong／バリ

地元では信仰の対象でありながら、その独特の美しさから観光名所としても知られているブヌット・ボロン・ツリー。この木は日本でいうガジュマルで、樹齢はゆうに１００年を超えるという。ブヌット・ボロン・ツリーは道路の真ん中に位置しており、見ての通り底部には巨大な穴が開いていて、バスやトラックもその穴を通り抜けることができる。

この巨木には言い伝えがあり、新婚夫婦やカップルはこの穴を通ってはいけないと言われている。もしも2人でこの穴を通ってしまうと、新婚夫婦は離婚することになり、カップルは別れることになるそうだ。

それだけでなく、この木は神聖な場所であるため、遺体を乗せた救急車や霊柩車が穴を通り抜けることは許されておらず、そういった車が通れるようブヌット・ボロン・ツリーの横には、もうひとつ別の道路が通されている。

この穴は、元々人が通り抜けられる程度の大きさだったが、オランダの植民地時代に車が通り抜けられるように、拡張工事がなされてくり抜かれることになった。そして、この工事の過程で地元の労働者が何人も亡くなったため、木の下に祈り場が作られたという。その後祈り場は木の横に移動されることになったそうだ。

また、ブヌット・ボロン・ツリーには疫病に関する話も残っている。

かつて木の北側にあった村で、多くの死者を出した疫病が流行った。木の北側は宗教的に良くない土地だからだと村を移転することになり、村民たちは木の南側に住居を移転したそうだ。すると、それ以降、疫病はぱったりと治まったと言われている。

すぐ近くには、Pura Pujangga Sakti（プラ・プジャンガ・サクティ）という古刹があり、こちらも観光名所になっているのだが、これはかつて休憩のためにブラット・ボロン・ツリーに立ち寄ったDhang Hyang Sidhi Mantra（ダンヒャン・シディ・マントラ）という師に敬意を表して建立されたものだ。

ポンドック・インダ・ホテル
Hotel Pondok Indah／バリ

人気の観光地であるバリ島に、〝幽霊宮殿〟と呼ばれる廃ホテルがある。バリ島中央の山岳地帯に位置するポンドック・インダ・ホテルは、5ヘクタールという東京ドームほどの広大な敷地に建つ宮殿のような様相の廃ホテルで、多くの幽霊が潜んでいるとされ、地元の人々から恐れられている。

ホテルの成り立ちについては諸説あるのだが、所有者についてはインドネシア共和国第2代大統領スハルトの息子であるトミー・スハルトのものだという説と、中国人の富豪が所有していたというふたつの説がある。

建築されたのは1990年代だと考えられているのだが、一度も使用されることはなく、新築のまま放棄されて廃墟となったようだ。放棄された理由については、建築中に事故死が多発したためや、悪霊の巣窟で営業を始めることができなかったなどと噂されているが、一番有力なのは2002年にバリ島爆破事件による経済危機により、オーナーが手放し

たという説だ。しかし、90年代に建てられ、使用されないまま２００２年に放棄されたとなると、数年間のブランクがあることになるのだが、その間の詳細については不明だ。

現在では世界中の廃墟マニア、心霊マニア憧れの廃ホテルとなっているのだが、この場所を最初に広めたのは海外からの旅行者であるJacob Laukaitis（ジェイコブ・ラウカイティス）だと言われている。彼は２０１５年にポンドック・インダ・ホテルを訪れて撮影し、その動画をＳＮＳにアップロードした。不気味な様相のバリ建築の廃ホテルはたちまち世界中で話題となり、当時は多くのメディアがこの話題を取り上げた。

その後、多くの旅行者がこの場所を訪れるようになったのだが、正規に雇われている警備員が入り口に常駐しているので、内部に入るためには賄賂が必要だ。昔は1万ルピア（約１００円）が相場だったようだが、筆者が23年に訪れた際には10万ルピア（約１０００円）を要求された。ただ、交渉すると5万ルピア（約５００円）まで下がったので、彼らの間でもはっきりとした額は決まっていないようだ。

ランサット公園
Taman Langsat／ジャカルタ

ジャカルタで最も幽霊の出る公園と言われているのが、南ジャカルタに位置するランサット公園だ。一見すると自然豊かな都会のオアシスと感じる公園も、辺りが暗くなってくると雰囲気が一変する。

この公園には、白い服を着た髪の長い女性の姿をしたクンティナラクが出現すると噂されている。また、インドネシアで死者を埋葬するときは顔以外を白い布でグルグル巻きにするのだが、その死者を埋葬する際の姿で現れるポチョン、そして、黒い肌に体全体が太い毛に覆われ、大きなサルのような姿をしたゲンデルウォなども出没するという。

公園内は定期的に警備員が巡回しているのだが、彼らはしばしば公園を訪れた市民から幽霊や妖怪の目撃談を聞くという。そして、目撃するだけならまだしも、中には目撃者が怪奇的な存在を目にしたショックから、トランス状態に陥ることもあるというから大変だ。

ルスナミ・カリマラン・レジデンス
Rusunami Kalimalang Residence／西ジャワ

インドネシアで大ヒットを記録したホラー映画『Pengabdi Setan2』のロケ地として使用されたことから、現地では映画のタイトルで呼称されている。この作品は日本でも2022年に『呪餐 悪魔の奴隷』というタイトルで公開されヒットした。

元々この15階建ての建物は、2007年に公営住宅として建設着工したが、09年には資金難によって建設はストップし、放棄されることになった。

そして、15年以上経過して映画のロケ地に選ばれたのだが、このときに撮影スタッフたちが入れなかったエリアがあるという。それは7階で、他フロアよりも酷く汚れて撮影には適さないと判断されたのだが、一度スタッフがフロアに立ち入ってしまった際には、不可解な現象が起きたと監督のジョコ・アンワル氏がインタビューで語っている。

映画公開後は大勢の見物客がこの場所を訪れるようになったため、出入り口が封鎖され、管理人が常駐するようになった。

あとがき

なぜ怖いものが好きなのだろうか。

思い返せば、少年時代は大の怖がりだった。

ある夜テレビを観ていたら生首の幽霊の特集をやっていて、CMに入る前に画面いっぱいの生首幽霊が映し出され、あまりの恐怖ですぐにテレビを消した。しかし、その光景はしっかりと脳に焼きつけられ、以降何年間も夢の中で大きな生首に追いかけられ、恐怖で目を覚ますということを繰り返した。

しかし、中学に入る頃には好奇心旺盛な僕は、怖いもの見たさから怪談マニアになっており、次第に自分でも幽霊を見てみたいと考えるようになっていた。そして、中学2年生のときに先輩から幽霊の出る小学校の話を聞き、友人たちと一緒に深夜に忍び込んだところ、小学校の裏庭にある細長い石碑の横に浮かび上がる〝オレンジ色の生首〟を目撃してしまったのだ。

「本当に幽霊っているんだ！」

そのときの体験は恐怖でもあり、一種の希望でもあった。

人は誰しも必ず死ぬ。

中学生の頃から、いつか必ず訪れる自らの死について考えることが、幽霊よりも恐ろしいことに代わっていた。けれど、もしも幽霊が現実に存在しているのならば、何らかの形で死後の世界は存在しているのではないか。そう思い始めてから、僕の中で幽霊という存在が恐怖だけでなく薄っすらと人生を照らす希望の光にもなっていた。

20代になり車の免許を取ってからは行動範囲が広がり、週末になると友人たちと心霊スポットを巡るようになっていた。そして、25歳の時。日本中の心霊スポットをこの目で見てみたいと思い立ち、当時働いていた自動車工場の仕事を辞め、車中泊をしながら47都道府県の心霊スポットを巡る旅に出た。

その後、2016年には怪談作家としてデビューし、それまで心霊スポット探索と並行して蒐集してきた怪談を書籍として世に送り出したのだが、この頃には既に世界の心霊スポットへの興味が沸々と湧き上がっていた。

そして、怪談作家デビューと同じ年。初の海外心霊スポット遠征の地に選んだのは台湾だった。初めて訪れた海外の心霊スポットは衝撃的で、明らかに日本とは違った宗教観や文化が、建物の造りや落書き、そして霊を慰めるための装飾品にありありと現れていた。これはもちろん国ごとに違っており、フィリピンならキリスト教の影響を色濃く受けながら、独自の死生観で心霊スポットの噂話が出来上がっており、インドネシアならイスラム教やヒンドゥー教、タイなら仏教と、その国の文化、宗教や死生観、そして歴史がそれぞれの国の心霊スポットを作り上げていた。

海外の心霊スポットに魅了された僕は、台湾遠征を皮切りに季節労働でお金を貯めてはアジアに遠征に行く事を繰り返し、現在ではアジア10カ国で153カ所の心霊スポットを訪れている。本書ではその中から100カ所を厳選し、派手な脚色は避け、ありのままの心霊スポットごとの噂、怪談、歴史、探索記などを記した。

読書で肝試し、心霊スポット図鑑、写真集、旅行ガイドなど、本書は様々な使い方ができると思うが、紹介している中には大量虐殺の現場や、戦争で多くの人が恨みを持って死んでいった場所も含まれている。これらはただのネタとして紹介しているわけではなく、悲惨な歴史のある場所を多くの人に知ってもらうことによって、歴史を風化させない、また、死者を悼むという意図も込めている。

死、暴力などの負の遺産に触れ、そこに思いを馳せ、そして現実世界に戻ってくるのは一種のイニシエーションである。本書を読んでくださった読者の皆様が、100カ所の心霊スポットから、恐怖、怒り、悲しみ、高揚を感じ、そこから新たな世界への扉を開いていただけたら幸いだ。

濱　幸成

濱 幸成

1989年福岡県生まれ。心霊探検家、怪談作家。2014年から1年かけ、日本全国47都道府県の心霊スポット取材を敢行。2024年現在、国内1111ヵ所、アジア10ヵ国で153ヵ所以上の心霊スポット探索を果たす。また、フィールドワークで蒐集した膨大なエピソードを携え、多くの怪談大会やオカルト番組、トークイベントに出演している。

著書に『福岡怪談』、『福岡の怖い話』、参加書籍『シンスポ 心霊スポット写真集』、映像作品『怪奇蒐集者 濱幸成』、『北野誠のぼくらは心霊探偵団 ゴーストハンターに密着せよ!』がある。

発行日　2024年7月23日　第1版第1刷発行

著　者　濱 幸成 ©2024

発行者　中村保夫
発　行　東京キララ社
〒101-0051 東京都千代田区
神田神保町2-7 芳賀書店ビル 5階
電　話　03-3233-2228
MAIL　info@tokyokirara.com

デザイン　オオタヤスシ
(Hitricco Graphic Service)
編　集　中村保夫
DTP　加藤有花
印刷・製本　中央精版印刷株式会社

ISBN 978-4-903883-80-9 C0095　2024 printed in japan
乱丁本・落丁本はお取り替えいたします。